D1875803

Kai Hoffmann

Dein Mutmacher bist du selbst!

Kai Hoffmann

Dein Mutmacher bist du selbst!

Faustregeln zur Selbstführung

GABLER

Bibliografische Information der Deutschen Nationalbibliothek
Die Deutsche Nationalbibliothek verzeichnet diese Publikation in der Deutschen Nationalbibliografie; detaillierte bibliografische Daten sind im Internet über <http://dnb.d-nb.de> abrufbar.

1. Auflage 2009

Alle Rechte vorbehalten
© Gabler | GWV Fachverlage GmbH, Wiesbaden 2009

Lektorat: Ulrike M. Vetter

Gabler ist Teil der Fachverlagsgruppe Springer Science+Business Media.
www.gabler.de

Das Werk einschließlich aller seiner Teile ist urheberrechtlich geschützt. Jede Verwertung außerhalb der engen Grenzen des Urheberrechtsgesetzes ist ohne Zustimmung des Verlags unzulässig und strafbar. Das gilt insbesondere für Vervielfältigungen, Übersetzungen, Mikroverfilmungen und die Einspeicherung und Verarbeitung in elektronischen Systemen.

Die Wiedergabe von Gebrauchsnamen, Handelsnamen, Warenbezeichnungen usw. in diesem Werk berechtigt auch ohne besondere Kennzeichnung nicht zu der Annahme, dass solche Namen im Sinne der Warenzeichen- und Markenschutz-Gesetzgebung als frei zu betrachten wären und daher von jedermann benutzt werden dürften.

Umschlaggestaltung: KünkelLopka Medienentwicklung, Heidelberg
Druck und buchbinderische Verarbeitung: Krips b.v., Meppel
Gedruckt auf säurefreiem und chlorfrei gebleichtem Papier
Printed in the Netherlands

ISBN 978-3-8349-1664-8

Muhammad Ali gewidmet.

Sein Siegesprinzip gereicht zur Lebensweisheit:
Der Glaube an sich selbst.

To Muhammed Ali.

The catchword behind his triumphs provides a golden rule for life:
Believe in yourself.

Vorwort

Wir Menschen haben das Gut und die Gabe, zufrieden und glücklich zu sein mit uns und dem Leben. Das ist unser Recht in dieser kosmisch kurzen Spanne Dasein, das Recht unserer Freiheit, selbst wählen und bestimmen zu können, wie wir zu leben wünschen. Nur gibt es dabei diesen Unterschied zwischen uns Menschen: Die einen nutzen es, die anderen versäumen es. Und dieser Unterschied zeichnet so manche Gesichter: Ich bin mit mir im Reinen – oder auf ewig verdammt. Und was bewirkt wiederum diesen Unterschied?

In meiner Praxis als Coach und Lebensberater habe ich hierzu eine grundlegende Erfahrung gemacht: Die innere Zufriedenheit des Menschen entsteht durch seinen Entschluss zu sich selbst und zu dem, was es wert macht, sein Tun und Treiben selbst gestalten zu wollen. Solche Menschen stehen morgens auf und rufen (still oder hörbar): Her mit dem Tag! Das nenne ich den Bettkantenindikator eines immer wieder neu beginnenden Lebens: Handle ich oder werde ich behandelt? Morgens kann der Mensch sich selbst schlecht belügen, sein Unbewusstes pulst noch zu aktiv als Stimmung innerer Stimmen aus dem Schlaf ins Bewusstsein hoch. In solchen erwachenden Augenblicken spüren wir unsere individuellen Wahrheiten, wie es bestellt ist mit unserer Selbsttreue gegenüber dem, was uns tagtäglich erwartet. Die Entscheidung liegt bei uns und also auch bei Ihnen, liebe Leser, immer wieder neu in den Griff zu bekommen, was Sie sonst unweigerlich in den Griff nimmt.

Der Mensch darf sich selbst nicht versäumen in seinem Leben, und diese Selbsttreue erfordert Preise, die wir zahlen müssen. Welche wesentlichen Preise das sind, um welche Preise authentischer Selbstführung zu erhalten, davon handelt dieses Buch. Das Leben ist nun mal ein verdammtes Ding nach dem anderen, und jedes Mal steht dabei ein Stück unserer Selbstachtung auf dem Spiel. Und das immer wieder neu für sich selbst zu entscheiden, fordert von uns vor allem eins: Mut. Mit Ihrem Mut verfügen Sie über einen der wichtigsten Faktoren zur Selbsttreue und deren unabdingbaren Herausforderung, Grenzen ziehen können gegenüber den alltäglichen Verführungen zum Selbstverrat. Dieser Mut ist mit einer bestimmten Art Angst verschwistert – Angst als ein Schwindelgefühl der Freiheit, jederzeit seinen eigenen Standpunkt selbst wählen und entsprechend handeln zu können. Diese Freiheit der Selbstwahl kann Ihnen keiner nehmen, es sei denn, Sie lassen es zu.

Damit Ihnen der Mut und all die existentiellen Faktoren zur authentischen Selbstführung plastisch greifbar werden, habe ich ein Erlebnismedium gewählt, das aus meiner Biografie resultiert: das Boxen. Bitte begreifen Sie diesen Sport (den ich seit meiner Jugend aktiv betreibe) hier als *diagnostisches Medium*, das im Leben etwas sichtbar macht, sowie als *aktivierendes Medium*, das im Leben etwas vitalisiert (würde ich klettern oder golfen, ich würde es Ihnen anhand von Bergklippen oder Hindernissen erläutern) sowie als metaphorisches Medium, das Ihnen neue Perspektiven auf gewohnte Lebenssituationen ermöglicht (ohne hierzu in den Ring steigen zu müssen). Der Boxer – und hier greife ich vor – ist die metaphorische Inkarnation einer *Seinshaltung des Menschen, die konsequent ja zu sich selbst sagt.*

Kai Hoffmann

Inhaltsverzeichnis

Einleitung

„Fight your best on the front lines."

[Bob Dylan]

Der häufigste aller Kämpfe in Ihrem Leben ist der Kampf um Ihr Selbst. Ob er auch der beste für Sie ist, hängt meist von Ihrem Mut zum Selbstsein ab und natürlich davon, wie Sie sich selbst und Ihren Kampf bewerten. Das wiederum können Sie nur für sich selbst entscheiden. Von Kindesbeinen an geht das schon los und hört nicht auf bis zum Schluss: der Mensch und das ihm Fremde und wie er sich dabei erlebt und beurteilt.

Mittendrin in all dem Aufruhr aus Fehden, Schwüren, Finten und Gefechten schüttelt der Mensch dann plötzlich den Kopf, macht eine Pause, atmet durch und fragt sich: Moment mal, worum geht es mir hierbei eigentlich? Womöglich hat er sich über viele Runden seines Lebens hinweg in Scheingefechte verwickeln, sich verführen oder in die Ecke treiben lassen, hat vielleicht seine Ziele und damit die Richtung und den Mut verloren oder den Kampf sogar gegen sich selbst ausgerichtet. Der Mensch in solchen Pausen der Reflexion erkennt allzu oft: Ich bin eine Art Schattenboxer meiner selbst.

In diesem Moment machen auch Sie eine Pause und überlegen, wie oft Sie in Ihrem Leben bis zu diesem Zeitpunkt mutig um Ihr Selbstsein gekämpft haben. Bestimmt haben Sie das schon gewagt: den herausfordernden Schlagabtausch zwischen Ihnen und dem, was Sie umgibt. Dabei werden Sie häufig festgestellt haben: Ich muss den Schlagabtausch auch mit mir selbst wagen.

Die Beratungspraxis zeigt nun, dass Menschen in vielen Runden ihres Lebens ihre Energien mit Schattenboxereien verpulvern, mit Scheingefechten, Ziellosigkeiten oder Sinnarmut, mit Fremdkontrolle oder gar Selbstzerstörungen. Und häufig verlieren sie dabei den Mut zum Selbstsein und machen dem Bravsein meist ungewollt Platz. Fehlt der Selbstbehauptung aber längere Zeit die Kraft, droht die Gefahr, dass der Mensch als Quittung fürs Bravsein eine Depression bekommt oder ein Burnout fürs Nicht-Nein-sagen-Können. Um hiervor gewappnet zu sein, brauchen Sie korrigierende Weckreize zur Selbstreflexion, Orientierungssignale für Ihren Willen und Impulsdaten zum Handeln.

Mutig Sie selbst sein und so handeln zu wollen, wie es Ihrem Selbstverständnis entspricht, dazu können Sie mit diesem Buch Ihre persönlichen Faustregeln auf der Basis Ihrer persönlichen Geschichte entwickeln: das BoxCoaching als Erlebniswert und Metapherntechnik zur stimmigen Selbstführung – damit fordere ich Sie heraus.

Mit Hilfe von Selbstbefragungen zu Ihren Persönlichkeitsanteilen, mit Mutplänen zu Ihrer Mutlogik, mit Metaphernangeboten, Handlungsmaßnahmen und Checklisten für Ihre Selbstführung können Sie entscheiden, ob Sie Ihrem Leben einen Ruck verpassen wollen.

Was Ihren Mut dauerhaft verfügbar werden lässt, ist die heilsame Partnerschaft zwischen Ihrem Körper und Ihrer Psyche. Denn Sie verfügen über zwei Arten von Weisheit für Ihre Lebensgestaltung. Und das Buch leitet Sie an, diese Weisheiten im Sinne Ihrer Selbstführung miteinander zu verbinden. Das kann spannend für Sie werden, wenn Sie sich auf die unterschiedlichen Dynamiken Ihrer Psyche und Ihres Körpers einzulassen wagen.

Die Weisheit unseres Körpers ist die Basis unserer Weisheit des Wissens.

Der Dreh mit dem Ring

Warum nun ausgerechnet hierzu das Boxen? Müssen Sie erst in den Ring steigen, um das hier verstehen zu können? Keine Sorge, das müssen Sie nicht. Mit den Praxisfällen aus dem BoxCoaching liefere ich Ihnen vielmehr ein erprobtes Spektrum an Sinnbildern für neue Erlebniswerte. Lesend gewinnen Sie hier erst einmal ganz neue Impulse, um über sich selbst nachzudenken und danach passender (und in jedem Fall anders) handeln zu können. Denken Sie nur an die Bücher eines bekannten Beraterkollegen, des Extrembergsteigers Reinhold Messner, mit denen Sie, während Sie lesen, Gipfelstürme der Selbsterkenntnis erleben können, ohne dass Sie selbst jemals höher als bis zur Krone des Apfelbaums in Ihrem Garten geklettert sind.

Das BoxCoaching bietet Ihnen Erlebnisfelder und Metaphern des Lebens zugleich an. Die einen steigen in den Ring und erzählen uns von der intensivsten Begegnung mit sich selbst. Andere Menschen erkennen bereits beim Lesen, dass ein neues Fühlen, Denken und Handeln notwendig ist (ohne dazu durch die Ringseile steigen zu müssen).

Das Boxen hat gegenüber vielen anderen Beratungsmethoden und -techniken einen unschlagbaren Vorteil: Ihre körperlichen, emotionalen und Ihnen oftmals nicht bewussten Ressourcen werden spontan aktiviert. In der unmittelbaren Herausforderung mit dem System Ihres Gegners mobilisiert das Boxen Prozesse in Ihnen, die Sie mit Ihrem Alltagsdenken nicht bewusst herstellen (können).

Unser Bewusstsein denkt zumeist in kognitiv normierten Regeln und eingeschliffenen Gewohnheiten, was uns in vielen alltäglichen Lebenslagen durchaus weiterhilft. Doch sobald wir uns verändern wollen, weil das, was wir bisher getan haben, nicht mehr zu dem passt, was wir eigentlich wollen, stoßen wir mit unserem Routinedenken oft an dessen (und unsere) eigenen Grenzen. Was wir rational bewusst und damit willkürlich denken, hindert uns für gewöhnlich, das uns unbewusste und damit unwillkürliche Potenzial in uns zu beleben. Unwillkürlich meint: Diese Dynamiken wirken in uns – unabhängig von Willkür und Ratio – nach autonomen Prinzipien. Oft sind es gerade diese unwillkürlichen Prozesse, die uns weiterhelfen, aus den eingeschliffenen Denkgewohnheiten herauszukommen.

Das Boxen verstört Ihre kognitiven Routinen und deren oft triviale Denk- und Handlungsmuster und wirkt dabei auf Ihre unbewussten Prozesse quasi hypnotisch. Sie handeln spontan, weil Sie um Ihrer Selbstbehauptung willen handeln müssen, und werden dabei von sich selbst überrascht. Boxend schlägt der Mensch hilfreiche Breschen zu seinen ungenutzten Kräften und Stärken.

Willst du deinen Mut stärken, handle, als sei's das erste Mal.

Hinter den Grenzen geht es weiter

Verändern können wir nur, was wir benennen, unterscheiden, reflektieren und neu verhandeln können. Das Boxen spannt Ihnen hierzu eine psychodramatische Konfliktszene auf und dient Ihrer Selbsterkenntnis als ein diagnostisches Medium, als ein handlungsaktiver Sichtbarkeitsmacher. Der Boxring als Röntgenstation – ohne Strahleneinfluss und Bleiweste. Machen Sie sich also frei, um zur Selbsteinsicht zu gelangen, und handeln Sie zuerst einmal anders, um sich und Ihre Welt danach neu zu erkennen! Und dann geht es eigentlich erst richtig los mit dem, was Sie für sich selbst erreichen wollen.

Was da mit Ihnen alles passieren kann, wenn Sie spontan so handeln, wie Sie es zuvor vielleicht gar nicht für möglich und doch zutiefst für wünschenswert gehalten haben, das eröffnet Ihnen neue Wege des Denkens, Fühlens und Handelns für Ihre Lebenspraxis. Und damit durchschlagen wir gemeinsam so manche Ihrer Komfortzonengrenzen.

Dabei lernen Sie Ihre Angst als Mut-Partnerin für Ihre Veränderung kennen (und erstmals auch lieben), Sie entdecken Ihre individuelle Mutlogik, besinnen sich auf Ihre Werte zur mutigen Lebenshaltung und erleben vor allem Ihren Körper und Ihre Emotionen als Ihre wichtigsten Ressourcen zur mutigen Selbstführung.

Neugierig geworden? Nun, dann sollten Sie sich darüber im Klaren sein: Echter Kontakt zwischen Menschen findet nur an Grenzen statt, an den eigenen, den fremden und an den Grenzen dazwischen (wie auch immer wir diese Grenzen jeweils definieren). Denn sobald wir herausgefordert und mit einem Unterschied zu uns selbst konfrontiert werden, spüren und begreifen wir emotional, was uns wesentlich und wichtig ist in unserem Leben. An den Grenzstationen unseres Selbst geben wir uns und anderen Menschen unsere individuellen Währungen zu erkennen.

Die „Faustregeln zur Selbstführung“ – ein Buch für Ihre Grenzgänge um Ihrer seelischen Gesundheit willen.

Nur Vorurteile sollten bluten

Hier räumen Sie also nicht nur mit Klischees über sich selbst, sondern nebenbei auch über das Boxen auf. Dem Image der Boxwelt sind zwar die Hinterhof- und Gossenschrammen weggepudert worden durch den TV-Kult, die Sieger-Opfer-Schlachten aber kennzeichnen leider immer noch den Charakter dieses Sportes. Ich rechne mit Ihrer Offenheit und Bereitschaft, eigene und fremde Vorurteile zur Disposition zu stellen und das Boxen als Reflexionsmedium der Selbsterkenntnis zu nutzen. Dabei fließt beim BoxCoaching kein Blut. Zwar geht es natürlich auch um „Sieger“ und „Opfer“, aber aus der psychischen Haltung sich selbst oder anderen gegenüber und nicht aus der Knock-out-Entscheidung heraus.

Noch zwei Lesehinweise: Hin und wieder möchte ich in Ihnen Seelenanteile ansprechen und erlaube mir hierzu, weil die Seele geduzt werden möchte, in die entsprechende Anrede zu wechseln. Sodann: die Kapitel bauen thematisch aufeinander auf, sollten also nicht übersprungen werden; sie folgen, ähnlich wie Ringrunden, dem Prinzip der gleichberechtigten Reihung.

Lassen Sie sich überraschen – vor allem von sich selbst!

1. Box dich durch – zu dir selbst

Seit Heiler und Berater helfen, unser Leben zu verbessern, finden wir unter ihren erfolgreichsten Methoden – und das von der Antike bis heute – immer auch das Heilmittel der „Körperwelten“. Der Körper „weiß“, was der Seele guttut: Was das Herz ergreift, bewegt den Verstand.

Wer als Lebensberater (ob nun als Therapeut, Heiler, Berater oder Coach) den Körper als ein heilsames Medium einzusetzen versteht, kürzt oft komplizierte Problemkuren ab. Unser Körper „besitzt“ als Organismus seine eigene „Weisheit“ für Lösungen menschlicher Probleme. Was in der Psyche klemmt, löst sich oftmals im Hand- bzw. Körperumdrehen, wenn wir das Medium wechseln und die Seele körperlich in Szene setzen. Solche alternativen Wege der Heilung können dem Menschen spannende Augenblicke seiner persönlichen Entwicklung liefern. Körperbilder, so bestätigt es uns heute auch die Gehirnforschung, bilden Basiselemente für die Intervention zur psychischen Gesundheit. Die Gestalttherapie oder das Psychodrama beispielsweise hat hierzu professionell hilfreiche Techniken entwickelt, die mittlerweile auch in die modernen Beratungsformen Kurzzeittherapie und Coaching integriert worden sind. Und genau hier setzt das systemische BoxCoaching an.

Boxen und Weisheit? Ja! Boxen steht für den Kampf des Menschen um und mit sich selbst, und zwar in seiner reinsten Form, weil die Spielregeln des Alltags ausgeblendet bleiben. Im Ring des Boxkampfes kommt der Kämpfer als Mensch zu sich selbst – körperlich, aber vor allen auch psychisch.

Müssen Sie jetzt boxen, um weise zu werden? Nein, denn auch diejenigen unter Ihnen, liebe Leserinnen und Leser, die den Boxring tunlichst meiden möchten und dem Leben trotzdem die „Siege über den inneren Gegner" abgewinnen wollen, können hier zum Thema „Faustregeln der Selbstführung" bisweilen eine Faust in die Handfläche klatschen und sich zurufen: „Genau so läuft es!"

Neuronaler Ruck

Eines kann ich Ihnen an dieser Stelle schon versichern (wir werden später noch intensiver darauf eingehen): Wir sind neuronal ausgestattet mit einem genialen Schlagabtausch zwischen Geist und Körper, der es uns ermöglicht, allein über imaginierte Sprachbilder (Metaphern) körperliche Erlebnisse emotional erfahrbar zu machen. Denn es ist gar nicht immer notwendig, bestimmte Körpererfahrungen zuerst bewegungsaktiv durchzuexerzieren, um die dazugehörenden Emotionen und Gedanken erleben zu können. Mit solchen „Als-ob-Körperschleifen" (Damasio, 2006, S. 102) kann ein Ruck durch Ihren psychophysischen Organismus gehen und Veränderungen in Ihrer Seele bewirken, allein weil Sie etwas über „Doppelschläge", „Aufwärtshaken", „Komfortzonendurchbrüche" oder „Nahkampf-Mut" gelesen haben, ohne dass Sie dazu je im Ring gestanden haben müssen.

Das Boxen gilt als eine Urkonfliktszene, in der der Mensch als Individuum (In-dividuum: lat. das Unteilbare) sich selbst allein behaupten muss, und entfaltet hierzu faszinierende Metaphern für das Selbsterleben und die Selbstreflexion des Menschen außerhalb – jenseits – des Boxrings.

Und weil wir Menschen uns unser Leben tagtäglich mit kleinen oder großen Erzählungen verständlich und sinnvoll zu erklären versuchen, bestimmt unsere Wortwahl, wie wir was erleben. Das Leiden oder gar Symptome stellen sich fast unausweichlich ein, wenn unsere Wortwahl nicht zu dem passt, was wir eigentlich wollen – und das weiß jede(r).

Der Mensch erlebt das, was er sich dabei erzählt.

2. Metaphernbox

Muhammad Ali[1] erzählte sich seine Geschichte mit der für ihn passenden Wortwahl schon von früh an. Er wollte „der Größte" werden, und er ist es geworden. In welcher Hinsicht und nach welchen Maßstäben er „der Größte" werden würde, hatte er nie definiert. Und keiner fragte genau nach, und doch stimmte ihm jeder zu. Ali wurde – für ihn selbst und für andere – das, was er sich vorgenommen hatte: „der Größte" – eine Metapher fürs Leben.

Deshalb möchte ich, was unsere Wortwahl für das Leben betrifft, zum Begriff der Metapher im Kontext des Boxens etwas voranschicken: Metaphern sind Worte, die wir zur Bezeichnung von etwas gebrauchen, also sprachliche oder bildhafte Übertragungen beispielsweise eines Gefühls, einer Sache, eines Ereignisses oder eines Gedankens in einen verstehbaren Zusammenhang (Beispiele: „Es geht bergauf mit uns; mein Herz so rein; am Tiefpunkt der Gefühle; oben sticht unten; ich blick nicht durch; in Liebe entbrannt; wir verschenken unsere Zeit"). „Wer auch immer denkt, strukturiert den Kosmos seines Bedeutungsuniversums durch Metaphern" (Lakoff/Johnson 2003, S. 7).

Der gefürchtete „Schlag ins Gesicht" kann demnach so oder so verstanden werden, als Körpertreffer, der „vorbeigeht", oder als Schmach, die „andauert". Und je nach dem, an welcher Metapher wir für uns festhalten, wird unser Leben entsprechend anders verlaufen.

---

1 Muhammad Ali, geboren 1947 in Louisville/Kentucky als Cassius Clay, zählt zu den größten Schwergewichtsboxern und Sportlern aller Zeiten. Unter dem Kampfnamen „The Greatest (der Größte)" gewann bzw. verteidigte er zwischen 1964 und 1978 dreimal den Weltmeisterschaftstitel, siegte in 61 Kämpfen 56-mal (davon 37 durch K.o.) und wurde aufgrund seiner herausragenden Bedeutung für den internationalen Sport 1999 vom Olympischen Komitee zum „Sportler des Jahrhunderts" gewählt. Seinen Geburtsnamen legte er 1964 mit seiner Konvertierung zum islamischen Glauben ab.

Diese Wortwahl „wird unser Leben … verlaufen“ ist wieder eine Metapher. Das Leben kann „wachsen“, „vergehen“, „Turbulenzen entfachen“, „dahinfließen“, „ins Stocken geraten“ – oder „sich durchboxen“ und dabei „Aufwärtshaken des Willens“ austeilen oder „Tiefschläge des Schicksals“ erleiden. Bei jedem Wort (Metapher), das Sie gerade lesen, werden möglicherweise andere Stimmungen, Gedanken oder Gefühle „in Ihnen geweckt“. Und entsprechend diesen inneren Empfindungen wird Ihr Körper, Ihr Geist, Ihr Handeln einen (wie unmerklich auch immer) anderen „Weg einschlagen“.

Unsere Energie fließt durchs Flussbett unserer Worte.

„Dahinter“ gibt es nichts

Das ist ein Prinzip dieses Buches: Die hier verwendeten Metaphern (ob des „Boxens“, des „Inneren Teams“, der „Helden und Heldinnen“ oder der „Werte“) „erschaffen“ spannende „Erzählräume“, aus denen heraus Sie sich Ihr Leben mutiger „erzählen“ und danach auch „gestalten“ können. Sie kreieren Geschichten mit einem bestimmten Erzählstil, der zum Lebensstil werden kann. Und eines sollte dabei (aus unserer konstruktivistischen Sicht ohnehin) klar sein: Unser Leben liegt dabei nicht „hinter oder unter“ der Sprache wie ein sprachunabhängiges Etwas (als „Landschaft“, „Strom“, „Gral“, „Orakel“, Wesenheit“), dem wir mit Sprache „beikommen“ und es „erkennen“, „enträtseln“ oder „bewahrheiten“ könnten. Unser Leben ist das, was wir zu leben (ge)denken.

Boxmetaphern zerschlagen den Mythos, etwas läge hinter der Sprache.

Ihre „Faustregeln der Selbstführung“ können Sie also wörtlich nehmen: Es sind „griffbereite“ Metaphern, die Ihnen nicht nur etwas „sagen“, was Sie tun können, sondern die selbst auch mit Ihnen etwas „tun“, indem Sie sich Ihr Leben selbst „erzählen“ und entsprechend „wirklich werden“ lassen können.

You walk your talk.

Mut ist der Atem durch die Röhre der Angst

Selbst das Wort „Mut“ ist schon eine Metapher und kürzt spezifische Neuronenaktivitäten, Emotionen, Gedanken und Handlungen begrifflich-abstrakt für uns ab, damit wir lebenspraktisch mit ihnen umgehen können. „Mut“ als objektives Faktum, über das wir Menschen uns alle einig sind, gibt es nicht. Natürlich soll das, was Mut bedeutet, jetzt nicht ins Beliebige abdriften. Eine verabredete (konventionelle) Verständigung sollte möglich bleiben und die Komplexität möglicher Mutphänomene praktikabel reduzieren. So kann Mut als „unerschrockenes Verhalten bei Gefahr und Bedrohung“ definiert werden, als ein Ausdruck von „Selbstbewusstsein, Kraft- und Wertgefühl“ (Der Große Brockhaus 1955). Bereits hier könnten sich manche Geister scheiden. Könnten nicht auch solche Menschen Mut beweisen, die wenig selbstbewusst und kräftig sind? Was das „Wertgefühl“ betrifft, so legt Ihnen dieses Buch wiederum eine wesentliche „Definition“ nahe: Wer Mut zeigt, legt „tatsächlich“ Wert auf etwas (siehe Kapitel 15 – 22).

Um einer möglichen Verwirrung im Wust der Mut-Bezeichnung vorzubeugen, empfehle ich das Ausschlussverfahren der Negation: Was der Mut-Begriff ausschließt (Feigheit, Davonlaufen, Scheu, Übervorsicht, Angst), sollte klar sein. Zwar mag hier der eine oder andere Leser Einwände erheben (so beispielsweise auch ich). Sagen die einen (auch „Der Große Brockhaus“), das „Gegenteil“ von Mut sei „Angst“, wende ich ein: Mut zeigt sich meist erst gepaart mit Angst, und zwar in einer Art Kehrseitenverhältnis, so wie Licht und Schatten (was für mich keinen Gegensatz darstellt). Sie sehen, mit unseren Worten treffen wir Unterschiede im Leben, die nicht die Unterscheidungen von jedermann sind. Somit: Mut ist das, was der Mensch für sich und sein Leben als Mut bezeichnen will, um das zu erreichen, was seinem/ihrem Verständnis nach dem „Mut" entspricht. Und die Absicht dieses Buches ist, hierzu Klarheit der Wahlmöglichkeiten für Ihr mutiges Denken, Fühlen und Handeln zu schaffen.

Und generell: Metaphern sollen Ihnen Anregungen (oder auch Verstörungen) anbieten, Ihr Leben, Ihren Alltag, Ihre Beziehungen und vor allem Ihr „Selbst" neu zu bedenken und anders zu sehen. Das „Klima", das Ihnen hierdurch entstehen, der „Raum", der sich Ihnen hier eröffnen mag, sollen Ihnen eine neue „Gangart", eine andere „Haltung" für Ihr gewünschtes Selbstverständnis mutigen Handelns ermöglichen.

Seien Sie sich sicher: Mit den hier angebotenen Metaphern – und insbesondere mit Boxmetaphern – können Sie sich insofern zu neuen Erlebnissen auffordern und auch antreiben, als diese Metaphern auf Erfahrungswerten gründen. „Unserer Ansicht nach kann eine Metapher niemals unabhängig von ihrem Ursprung in der Erfahrung verstanden oder sogar angemessen repräsentiert werden" (Lakoff/ Johnson 2003, S. 28). Aus diesem „Erfahrungsursprung" insbesondere der Boxmetaphern heraus können Ihnen als „eindeutigste empirische Grundlage" Ihre Erfahrungen „mit dem eigenen Körper" (ebd., S. 35) geliefert werden. Nein, hierzu in den Boxring steigen müssen Sie nicht. Sie haben ein Buch und damit eine „Lesewelt" vor Augen, deren Emotions- und damit Erlebnis-Wert durch Ihre Aufmerksamkeit entsteht.

Tipps zu Ihrer Lesehaltung sind demnach:

- Metaphern als Metaphern lesen
- Metaphern als Metaphern verstehen
- dem Verständnis unvoreingenommen nachgehen
- mitempfinden, was dabei in Ihnen angeregt oder verstört wird
- den Anregungen/Verstörungen einen emotionalen (neuen) Raum geben
- den Anregungen/Verstörungen einen kognitiven (neuen) Raum geben
- das eigene bisherige Selbstverständnis auf diese (neuen) Räume hin überprüfen
- das eigene Handeln danach (neu) ausrichten zu können.

Je klarer dabei Ihre physische Grundlage zu einer Metapher angeregt oder verstört wird, das heißt, je stärker Sie darauf körperlich-emotional und/oder handlungsorientiert reagieren (wollen), desto stärker wirkt das nach, was Sie gelesen haben. Sodann: Je öfter Sie Ihren metaphorisch eröffneten (neuen) Räumen entsprechend handeln, das heißt, je häufiger die Ihnen angebotenen Metaphern in Ihrem Alltag wirksam werden, desto sicherer beherzigen Sie die „Faustregeln der Selbstführung“.

Beim Boxkampf wird das Prinzip der Freiheit bewahrt, die Selbstbestimmung menschlichen Handelns.

3. Mut-Metaphern eröffnen – Angst-Metaphern verschließen

Zu mir in die Praxis kam ein Klient, der regelmäßig von seinem Chef „niedergemacht“ wurde. Nach solchen Vorfällen „dachte“ der Klient regelmäßig „über“ sich nach: Ich „bin“ aber auch ein „Blödmann“, ein „Weichmann“, „ich kann mich nicht verteidigen“, „ich bin ein Opfer“ etc. Sie merken vielleicht schon, worauf das hinausläuft.

Die Worte, die der Klient auswählte für seine „Selbstbestimmung“, waren Metaphern, die nicht zu dem passten, was er eigentlich wollte: die Selbstachtung bewahren und sich seinem Chef gegenüber behaupten und wehren.

Wie wir also etwas – auch uns selbst – bezeichnen, erklären und bewerten, bestimmt unsere Art und Weise, wie wir damit – auch mit uns selbst – umgehen werden. Und wie wir mit uns selbst umgehen, beeinflusst wiederum die Art und Weise, wie andere mit uns umgehen können. Mit den Metaphern „Blödmann“ oder „Opfer“ schloss der Klient in seinem Wortschatz andere Metaphern (wie „schlauer Fuchs“ oder „Held“) aus, „zermatschte“ sich förmlich selbst „unter der Weichspülung“ seiner Worte.

Und ..., was glauben Sie? – Ließen ihn solche (in Anführungszeichen gesetzte) Selbstbeschreibungen aufrecht und würdevoll handeln, so, wie er das eigentlich wollte? Genau, und das Fatale daran war, dass der Chef des Klienten dessen „Spiel“ der Metaphern mitspielte und ihn eben wie ein Weichei behandelte. Um's abzukürzen: Ich bot dem Klienten andere Metaphern an und übergab ihm hierzu eine Videokassette[2] über den Weltmeisterschaftskampf Muhammad Alis gegen George Foreman, die er sich bis zum nächsten Coaching unter folgender Perspektive anschauen sollte:

Der Mut des Helden ist sein Sieg über die Angst und sein Glaube an sich selbst.

Der Klient war regelrecht überwältigt von Alis Selbstvertrauen, das ihn zum weltbewegenden Sieg in der achten Runde verhalf. Ali hatte sich zuvor von Foreman in die Ringseile drängen und dort wie in eine Hängematte zurückfallen lassen. Foreman powerte sich an Alis Körper wie an einem Sandsack blindwütig aus, während dessen ihn Ali mit der ihm unvergleichlich eigenen Coolness demütigte („It's all, what you can, George?"). Dann schlug Ali ihn nieder.

Dieser Dokumentarfilm über Alis boxerische und mentale Stärken bewirkte beim Klienten nachhaltig ein Umdenken über seine eigenen Selbstbilder (Metaphern). In der folgenden Sitzung besann er sich auf sein Selbstwertgefühl und seine Stärken und kreierte hilfreiche Metaphern, die ihm während des Films, wie er sich ausdrückte, „nur so zugeschmettert" seien. „Selbsteroberer", „Herzensstärke", „Täter meiner Geschicke". Damit dachte er neu über sich nach, atmete anders durch und blieb sich mit den siegreichen Metaphern auch tatsächlich treu in der Begegnung mit dem Chef. Das Erstaunliche dabei war: Mein Klient musste sich gar nicht mehr verteidigen, weil sein Chef ihn nicht mehr angegriffen hatte. Der spürte wohl in der neuen inneren Haltung seines Mitarbeiters dessen neuen „Täterimpuls" und ahnte, was da hätte kommen können.

2 „When we were Kings", eine preisgekrönte Dokumentation von Leon Gast über Alis Vorbereitungen und seinen Kampf 1974 in Kinshasa (Zaire/Afrika).

Und dabei hat dieser Klient kein einziges Mal mit mir in den Ring steigen müssen. Allein die Konfrontation mit dem Metaphernangebot des Boxens durch ein Video ließ ihn neue Selbstbeschreibungen auswählen, die besser zu seinen Zielen passten.

Das Boxen funktioniert als Coaching-Technik – verwendet wird hierzu die schlagmildere und verletztungsfreie Trainingsform des Sparrings – auf zweierlei Weise. Zum einen wie eine Art diagnostisches Medium, womit etwas sichtbar und erfahrbar wird und der Mensch einen „realen“ Erlebnis-Wert gewinnt. Wer solche profunden Ausnahmen wagt, durchbricht hinderliche Muster im Denken, Fühlen und Handeln. Das gilt für diejenigen, die reinsteigen in den Ring und sich selbst und damit den inneren (wie äußeren) Gegner herausfordern wollen. Anders handeln heißt, neu erkennen lernen.

Wer im Ring anders handelt, lernt hinter den Seilen neu sehen.

Zum anderen liefert das BoxCoaching (wie beim Klienten mit dem Video über Muhammad Ali) mental-emotionale Metaphernangebote, damit wir neue Perspektiven auf Gewohnheiten des alltäglichen Lebens einnehmen können. Das gilt für diejenigen Menschen, die weitaus mehr für ihr Handeln, Denken und Fühlen gewinnen, wenn sie das, was andere körperlich gewagt haben, lesen und hierdurch den Mut zum neuen Tun aus der Welt der Metaphern schöpfen.

Wie das Beispiel des Klienten angedeutet hat, der sich nun nicht mehr als „Opfer“, sondern zunehmend als „Täter“ begreift, sieht und erkennt sich der Mensch mittels der ihm individuell verfügbaren Bilder und Vorstellungen und kann durch „neue“ und ihm angemessene Sprachangebote lebensfördernde Selbsterkenntniswerte entwickeln. Die Imaginationswelt des Boxens ermöglicht es, einmal ganz anders sehen, denken, fühlen und handeln zu können.

Beim BoxCoaching folgt also die Einsicht dem neuen Handeln (und nicht umgekehrt), was, nochmals, nicht heißen soll, zuerst boxen zu müssen, um anders handeln zu können, sondern meint:

Handle zuerst, um den Sieg der Einsicht nachhaltig zu gewinnen.

Boxen heißt: Psyche zeigen

Wer boxt, kriegt es mit sich und einem andern Menschen mehr zu tun als bei jedem anderen Sport. Und wer entsprechend darüber nachdenkt und konsequent fürs Leben Schlüsse zieht, erspart sich, nachweislich, eine Menge unnötiger Probleme. Das Verhalten des boxenden Menschen im Ring zeigt gewissermaßen einen Extrakt seines Denkens, Fühlens und Handelns außerhalb des Rings:

Jeder Mensch boxt so, wie er psychisch gestrickt ist.

Umgekehrt folgt daraus: Wer Mut gewinnen und seine Selbstführung verbessern will, gewinnt – gerade im körperlichen wie gedanklichen Schlagabtausch der Extreme – elementare Impulse, das Leben neu zu begreifen. Im Ring entscheidet sich sehr schnell, was erfolgreich in unser Selbst-System passt und was nicht. Der deutsche Box-Promoter Wilfried Sauerland, der mit Henry Maske dem Boxsport sein Gütesiegel gesellschaftlicher Legitimation zurückgegeben hat, beschreibt den tieferen Sinn dieser Sportart so: „In zwölf Runden lernen sich Boxer besser kennen als so manche Menschen in zwölf Jahren im Büro.“

Menschen leiden bekanntlich oft lieber an ihren gewohnten Verhaltensweisen, anstatt die dahinter liegende Einstellung zu ändern. Leiden erscheint oft leichter als Handeln. Wenn du aber genug vom Leiden hast und neu erkennen lernen willst, handle anders! Gib alte Sicherheiten auf und rechne mit deiner Angst!

Wenn Klienten in meinen Beratungen über sich und das, was sie erreichen wollen, reden (oder auch schweigen), packt mich hin und wieder die Gewissheit: Hier kommst du so nicht weiter. Dazu habe ich zum Dialog-Ort der Beratungen das systemische BoxCoaching als ein zusätzliches Beratungsfeld entwickelt.

Boxweisheiten in der Weltliteratur

Die amerikanische Schriftstellerin Carol Oates schreibt hierzu treffend:

„Ein Boxer bringt alles in den Kampf ein, was er ist, und alles wird sich erbarmungslos zeigen, auch sein Geheimstes, was nicht einmal er selbst über sich weiß, sein Körper-Ich, seine Männlichkeit könnte man sagen, die ‚Schicht' unter seinem ‚Ich'" (Oates, 1988, S. 92).

Nach dem Prinzip „Selbstführung heißt Einfluss nehmen" ist sich jeder Profiboxer bewusst: Mit meiner inneren Einstellung aus Gefühlen, Werten und Gedanken bestimme ich in jedem Bewegungsmodul das äußere Kampfgeschehen mit. So konfrontiert uns das Boxen – ob nun im Ring oder als Metapher des Lebens – mit Einstellungen, Lebensskripten, Werten und Gefühlen, die im Alltag oft unklar bleiben, beim BoxCoaching aber konstruktiv reaktiviert werden können.

4. Alles dreht sich um das Selbst

Was immer uns im Leben zustößt, unser innerer Film dazu spult die Szenen letztendlich unter prüfenden Perspektiven ab: Und was bedeutet das jetzt für mich? Stehe ich auch voll hinter dem, was ich da tue? Passt mir das, wie ich da gerade behandelt werde, überhaupt in den Kram? Werde ich so gesehen und genommen, wie ich mich selbst sehe und angenommen werden möchte?

Uns Menschen geht es bei fast allem, was wir tun, denken und fühlen, um unsere Selbstachtung, um die Gewissheit, uns selbst in dem, was wir erleben, akzeptieren zu können. Und weil uns nicht das verletzt, was uns zustößt, sondern das, wie wir darauf reagieren, lautet die Frage, ob wir im Reinen mit uns sind: Passt das, was ich wie tue, auch in mein Bild von mir selbst?

An dieser Stelle möchte ich den Begriff „Selbst“ kurz erläutern, wie ich ihn hier zum Thema Selbstführung verwende. Denn leichthin gebrauchen wir Worte wie „Ich“, Selbst“, „Ego“, Subjekt“ und meinen entweder die gleichen oder doch verschiedene Phänomene, je nachdem. Entscheidend ist, was wir mit dem Gebrauch der Worte erreichen wollen, und das ist zumeist einen Unterschied zum Ausdruck bringen, mit dem wir etwas zu beschreiben, erklären oder zu verstehen versuchen, um Sinn, Orientierung, Kontrolle oder Veränderung zu ermöglichen. Will ich also das Wetter für den Wochenendausflug erkunden und blicke zum Himmel und rufe dem Fachmann am Telefon „Wolken“ zu, weiß der noch nicht, ob ich Schäfchenwolken oder Zirrokumuluswolken meine.

Schon allein von der Klangbedeutung her hebt sich das Wort Selbst vom Wort Ich weich ab. Das Ich funktioniert zumeist als Garant dafür, den Alltag bewusst zu bewältigen, und beschreibt den realitätsgerechten Kontakt-Part des Menschen zu seinen Umwelten. Wer „ich“

sagt, richtet den Scheinwerfer auf sich, tut sich hervor (auch wenn's heißt: „Ich mach' das Licht jetzt aus und verschwinde“). Das „Ich“ funktioniert im Alltagsgetriebe und unterscheidet sich sprachlich vom „Du“. Das „Ich“ bezeichnet die bewusste Funktionseinheit des Menschen. Es dient damit aber auch als Sprachrohr und Handlanger dessen, was (im Unterschied zum „Ich“) als das „Selbst“ umschrieben werden kann.

Im Wort Selbst schwingt mehr mit und zumeist das, was wir gemeinhin mit Psyche oder Seele meinen, umschreibt also immer auch so etwas wie den „Wesenskern“ des Menschen (gleichsam das Meer unterhalb der Wasseroberfläche, auf der das „Ich“ schwimmt). Das Selbst verstehe ich insofern als eine Art Ordnungssystem der Psyche, das den Menschen in all den Kontakten zu sich und anderen ein Gefühl dafür signalisiert, ob das, was er erlebt, für ihn auch stimmig ist und mit ihm zusammenhängt: Ist das, was ich erlebe, meinen Wünschen und Werten angemessen (kongruent) und empfinde ich das meiner Identität zugehörig (kohärent) – oder nicht? Spürbar wird das Selbst hierbei wie eine Art individueller Hintergrundmelodie, eine Art Kontextklang, der uns zu dem, was auf unserer Bühne des Lebens (wo das Ich Rollen spielt) passiert, sein kommentierendes Echo liefert: Das passt zu mir, das passt mir nicht.

Die Selbstführung des Boxers steckt ein, was passt.

Das Selbst bezeichnet damit das für jeden Menschen einzigartige Beziehungs- und Integrationssystem seines inneren und äußeren (Er-) Lebens. Es umschreibt, was die persönliche Identität des Menschen koordiniert und gestaltet, seine gedanklichen, emotionalen und körperlichen Prozessen in Bezug auf sich selbst und seine Umwelt (Menschen, Natur, Gesellschaft). Das ist entscheidend für das, was ich unter Selbstführung verstehe:

Der Mensch re-agiert und antwortet auf das, was ihm (innerlich oder äußerlich) zustößt, aufgrund seiner Selbstbilder und Motive und im

Hinblick auf seine zukünftige Entwicklung: Wie sehe und definiere ich mich? Was will ich? Worauf lege ich Wert? Wo will ich eigentlich hin? Das Selbst re-agiert dazu im Augenblicklich der Gegenwart und wägt zwischen Vorgegebenem (Vergangenheit) und Aufgegebenem (Zukunft) ab.

Das Selbst ist mehr als seine Summe

Das Selbst des Menschen umfasst damit also sämtliche seiner Persönlichkeitsaspekte: Gefühle, Gedanken, Handlungsimpulse sowie psychische Grundeigenschaften, Gewohnheiten, Talente, Marotten, Charakterzüge, Fähigkeiten, Mängel, Empfindlichkeiten, Symptome, Stärken etc. Das Selbst ist selbst aber unterschieden von seinen Teilpersönlichkeiten und also selbst kein Teilaspekt; es bildet gleichsam das zusammenhängende Wirkungsgefüge von Persönlichkeitsanteilen eines Menschen. Auch das ist wichtig für die Praxis der Selbstführung.

Stellen Sie sich hierzu ein Orchester inklusive Dirigent vor. Der Dirigent und seine Musiker mit ihren Instrumenten (die Teilpersönlichkeiten) bilden zusammen ein Ganzes (das System des Selbst) und sind damit bekanntlich mehr als die Summe ihrer Teile (nämlich eine Melodie, ein Konzert oder Ähnliches). Der Dirigent führt das Orchester (als Selbstführung) je nach Aufführung und Publikum (analog: Augenblick des Lebens, Kontaktgestaltung zur Umwelt, Situationserlebnis) entweder gut oder schlecht durch die Partitur (Selbstbilder, Werte, Wünsche, Hoffnungen, Ängste, Visionen).

Der Mensch vereint, um im Bild zu bleiben, den Dirigenten und das Orchester in sich. Seine Selbstführung (Aufgabe des Dirigenten) gelingt, wenn er sein individuelles Thema (Partitur) kennt und hierzu stimmig und passend seine unterschiedlichen Persönlichkeitsaspekte (Musiker und Instrumente) im Griff hat.

Selbstführung bedeutet demnach für den Menschen:

1. seine vielfältigen Persönlichkeitsaspekte zu kennen und verstehen
   - Wer spielt da in mir alles so mit und nach welchen Impulsen sind diese meine Selbstanteile aus sich heraus gesteuert?
   - Kann ich das, was sich in mir regt, auch für mich nachvollziehbar einordnen oder ist das für mich „nur ein Rauschen", chaotisch, willkürlich, zufällig?
2. mit den Persönlichkeitsaspekten einen wertschätzenden Kontakt zu halten
   - Stehe ich zu mir mit all dem, was mich „innerlich" ausmacht, oder lehne ich da einiges in mir schlichtweg ab?
3. Einfluss ausüben zu können auf die unterschiedlichen Persönlichkeitsanteile
   - Habe ich das, was in mir steckt, im Griff oder gehen mir oft „die Pferde durch"?
4. Zugriff zu haben auf diese persönlichen Selbstanteile
   - Hab ich für das, was ich in bestimmten Augenblicken des Lebens erreichen will, die dafür notwendigen Selbstanteile überhaupt alle beieinander oder fehlt mir etwas?
5. Verantwortung zu tragen für die Selbstanteile und deren Auswirkungen
   - Stehe ich voll hinter dem, was ich in mir habe und wirken lasse in dem, was ich tue, oder spiele ich manchmal auch das Unschuldslamm, das zu alle dem nichts kann?
6. Gleichgewicht der Entwicklung herstellen zu können zwischen den unterschiedlichen Kräften der Systemanteile
   - Lasse ich in mir alles zu seinem Recht kommen und stehe ich damit in Balance meiner vielfältigen Anteile in mir oder spiele ich immer nur mit denselben abgegriffenen Karten,

vernachlässige so manche meiner inneren Trümpfe und schaffe dadurch inneren Unmut zwischen meinen Anteilen?

7. Kontakte der Innenwelt mit der Außenwelt stimmig und passend zu gestalten
   - Stehe ich auch voll und ganz zu mir, so wie ich meine Beziehungen um mich herum erlebe und gestalte, oder stehe ich oft neben mir oder lasse mich gar steuern?
8. … und dieses Erleben der Innen- und Außenwelten selbst bedeutsam werden zu lassen
   - Hat mein Tun und Trachten wirklich einen Sinn für mich, fühle ich mich durch selbst gesetzte Ziele engagiert und herausgefordert und kann ich das, was ich tue, in einen größeren Zusammenhang einordnen? Oder rinnen mir zu viele Lebensaugenblicke sinnlos dahin?

5. Das Selbst führt aus dem Bauch raus

Ausschlaggebend für die kohärente Selbstführung ist ein guter Kontakt zum eigenen Körper, zum somatischen Selbst unseres Lebens (Soma, griechisch: Körper). Unsere Psyche, die letzte und damit jüngste Struktur unserer biologisch-evolutionären Entwicklung, folgt den Signalen des Körpers, weil das genetische Programm des Körpers aufgrund Jahrtausende langer Erfahrungen die sichereren Basisimpulse des Überlebens liefert. Als Dreh- und Angelpunkt dieser biologisch fundierten Selbstführung markiert die Gehirnforschung das somatische „Kern-Selbst" und eine Art „Kern-Bewusstsein" (Damasio 2001, S. 313 ff.; Damasio 2006, S. 187 – 310), die die inneren Zustände des Organismus für unser Bewusstsein repräsentieren. So wie ich mich körperlich-emotional fühle, wie ich gestimmt bin – kurz: wie es mir so geht, das stellt mein somatisches Kern- oder Proto-Selbst für mich als Gesamtpersönlichkeit vor. Hierdurch bekomme ich eine Vorstellung davon, wie mir körperlich-emotional zumute ist.

Menschen, die ein Gespür für diese Zeichen ihres Körpers entwickeln und deren Signalcharakter in ihrem Leben berücksichtigen, unterscheiden sich wohltuend von Menschen, bei denen rationales Denken vorherrscht. „Hör auf deinen Bauch!" ist keine Floskel, sondern ein evolutionsgeschichtlich geprüfter Ratschlag. Darin drückt sich ein heilsamer Unterschied aus zum kognitiven Selbst, zum „kopflastigen" Denken nach Vorgabe von Sprache, Zahlen, Ordnungen, Regeln und anderen Rastern.

Die Personalleitung einer großen deutschen Bank bat mich, „dringend" einen Vorstandsassistenten zu coachen. Neue Führungsaufgaben stünden bevor, doch der Mann könne sich überhaupt nicht durchsetzen, sei viel zu freundlich und schrecke vor allem vor möglichen Konflikten zurück. Als Herr Nettig[3] den Besprechungsraum in der Bank betrat, machte er einen äußerst höflichen Eindruck auf mich, wirkte etwas scheu und abwartend. Seine zögerliche und mitunter ängstlich wirkende Erscheinung stand jedoch in einem Gegensatz zu einer festen und angenehm metallisch klingenden Stimme. Das ließ mich aufmerken.

Sein Coaching-Ziel stand fest: Er wolle mutiger und risikofreudiger im Umgang mit seinen zukünftigen Mitarbeitern werden und seine Standpunkte selbstbewusst durchsetzen, sich also mehr trauen, Position zu beziehen. Als Vorstandsassistent musste er „gehorchen", und Kollegen gegenüber sei er bloß „his master's voice" gewesen, und alle hätten „die Hacken geschlagen". Jetzt aber sollte er, und zwar ohne die Macht im Rücken, alleine führen.

Im Coaching nannte er sogleich seine mentalen Barrieren, die entgegen seinen Zielen standen: Seine „äußerst vornehme" Erziehung habe ihm einen „Hyper-Respekt" vor Menschen und einen „Harmonie-Zwang" eingeprägt. „Ich denke immer, der andere muss in allem respektiert werden, ich darf ihn nicht kritisieren, und der harmonische Rahmen müsse in jedem Fall bewahrt sein. Wenn es darauf ankommt, habe ich Angst, mich anderen gegenüber selbstbewusst zu positionieren, weil ich befürchte, ebenfalls keinen Respekt mehr zu bekommen." Mit diesen Gedankenkonstrukten blockierte sich Herr Nettig selbst.

Was im Boxring dann geschah, verblüffte ihn mehr als mich. Gleich nach dem ersten Schlagabtausch blitzte in Herrn Nettigs Gesicht plötzlich ein Strahlen auf, eine Lust an solchen Auseinandersetzungen. Sprühend vor Kampfeswillen, erlebte er eine derartige Freude an der Selbstbehauptung im Konflikt, was für ihn bis dahin „vollkommen unvorstellbar" gewesen sei. Die boxerische Situation hatte sein körperlich-emotionales Kern-Selbst angezapft und ihn mit sich selbst herausgefordert. Seine Energien der Freude und der Lust daran, Grenzkonflikte zu meistern, hatten im

3 Alle Namen von KlientInnen in diesem Buch sind geändert.

Verborgenen geschlummert. Sein somatisches Selbst steckte voller Kraft und couragierter Werte für sein konfliktfreudiges Handeln: Furchtlosigkeit, Beherztheit, Kühnheit, Tapferkeit und Wagemut. Diese emotionalen Werte hatte er „immer gesucht", jedoch aufgrund rationalisierter Mäßigungen („Hyper-Respekt", „Harmonie-Zwang") tunlichst verdrängt. Allein seine Stimme verriet etwas von der Power, die er „aus Angst vor Vergeltung" nicht zugelassen hatte. Diese Angst vor seinen inneren Stärken hatte Herr Nettig unbewusst umgeleitet in eine nach außen gerichtete und eingebildete Angst vor vermeintlichen Stärken anderer Menschen.

„Ich hätte mir nicht vorgestellt, dass mir Konflikte so einen Spaß machen können, dass ich Selbstvertrauen habe, wenn es darauf ankommt." Hierdurch gelang ihm auch eine veränderte Selbsteinschätzung mit neuen Selbstbildern, die sich an seinen (wieder)gefundenen emotionalen Werten orientierten: der „kühne Kämpfer", der „wagemutige Siegeswille", der „tapfere Grenzgänger", der „furchtlos Beherzte". Herr Nettig konzentrierte sich fortan mehr auf Wahrnehmungsreize und Gedanken, die seinen emotionalen Werten entsprachen. Sobald ihm beispielsweise ein Bankkollege durch was auch immer in die Quere kam, achtete er auf „Wettbewerbsfaktoren" des gegenseitigen Verhaltens: „Achtung, Schlagabtausch! Jetzt wird es lustig! Diese Chance ergreife ich. Wie kann ich gut parieren? Ich bin gespannt, was als Nächstes kommt. Egal, was passiert, ich gewinne dabei mit." Herr Nettig wagte so ein neues Handeln und dachte von nun an anders über sich selbst nach, was wiederum sein neues Verhalten förderte.

Wer boxt, erobert sein Kern-Selbst gegenüber Sprachbarrieren.

Sobald wir unser somatisches Selbst aktivieren, erleben und bewerten wir uns selbst und unsere Beziehung zu anderen Menschen authentisch und stimmig (und in jedem Fall energiereicher als aus dem rationalen Ich heraus): Wir sind im „Flow“, im „Hier und Jetzt“ eines für uns kohärenten Erlebnisses. Dann fließen die Energie und Emotionen aus der uns je „eigenen Mitte“ (Gilligan 2004, S. 119) des somatischen Selbst heraus, was wir intensiv zu spüren (und eben nicht eindeutig zu begreifen) vermögen.

Versuchten wir das allerdings wieder exakt zu beschreiben oder zu erklären, drifteten wir unweigerlich in rationale Messungen und Berechnungen der kognitiven Selbstanteile ab, mit deren Zubehör und Werkzeugen an Ordnungen und Regeln wir unser körperlich-emotionales Selbst für gewöhnlich allzu mechanisch festzurren.

Gleichwohl kann ich hier mit Ihrer eigenen Erfahrung rechnen. Denn dieses Erlebnis hat jeder von uns schon einmal gehabt, beim Sport, in der Liebe, in der Natur, mit Freunden, vor einem Kunstwerk oder in der Gestaltung einer Arbeit, die uns Spaß, zufrieden und selbstvergessen gemacht hat. Für viele Menschen sind das jedoch viel zu seltene Augenblicke des Glücks geworden. Der Alltag lässt uns den bevorzugten Pakt mit den kognitiven Selbstanteilen schließen. Was strömt und fließt und impulsiv auf uns eindringt oder in uns aufsteigt, macht uns leicht Angst und wir wollen es sogleich kontrollieren, etwa durch begriffliche Einordnungen oder reglementierende Systematik. Solche rationalen Kontrollen haben gewiss ihre Vorteile. Seit die ersten schlauen Keulenschläge der Neandertaler die Natur systematisch erschütterten, hat unser rationales Denken durch seine Beherrschung der Natur eine Vormachtstellung gewonnen. Das ist allein schon physiologisch bedingt gewesen durch die mehr und mehr sich entwickelnden Steuerungsfunktionen unserer kognitiven Gehirnregionen des Kortex; sie haben das Überleben und hierzu den Fortschritt der Menschheit gesichert.

Die Weisheit unserer Körperenergie ist die Weisheit unseres Wissens

Davon hatte auch Herr Nettig profitiert, soweit es für seine Karriere zweckmäßig war, Respekt und Harmonie rational zu sichern. Doch kommt der Punkt, da der Mensch spürt, etwas in sich und damit sich selbst zu versäumen, wenn er genauso weiterlebt wie bisher. Und zumeist sind es die körperlich-emotionalen Werte, Motive, Gefühle und Bedürfnisse, die nicht ausgelebt und irgendwann ersehnt werden. Und manchmal sitzen Klienten bei mir in der Praxis oder stehen vor mir im Ring und lassen Tränen fließen, weil sie plötzlich ihr Kern-Selbst entdecken, das lange durch eine an fremden Maßstäben orientierte Selbstführung verdeckt wurde. Etwas Neues und doch allzu Vertrautes taucht auf und lässt uns die Welt und uns selbst neu erleben.

In jedem Menschen steckt ein wehrhaft boxender Selbstkern.

Wie das Beispiel von Herrn Nettig gezeigt hat, konzentrieren wir uns im guten Kontakt mit unserem somatischen Kern-Selbst auf diejenigen Dinge im Leben, die mehr unseren (körper)dynamischen und emotionalen Werten entsprechen. Plötzlich sprechen uns andere Phänomene an. Unsere Aufmerksamkeit unterscheidet und bewertet neu. Wer beispielsweise Mut verspürt, Freude genießt, Angst zulässt, Einfühlsamkeit erlebt, Ärger ausdrückt, Tatkraft entwickelt oder Liebe empfindet, der geht anders und mit sich stimmiger durchs Lebens als noch kurz zuvor – und wenn es nur ein paar Schritte sind. Das macht einen Unterschied aus, der alles Weitere verändern kann. Unsere Energie fließt dorthin, wo die Aufmerksamkeit hingeht. Und je nachdem, worauf wir Acht geben und wohin unsere Energie steuern, springt unsere Persönlichkeit samt Denken, Fühlen und Handeln in einen anderen Modus um. Ein anderer Persönlichkeitsanteil lebt auf. Das wiederum verändert oftmals rapide unseren Umgang mit uns selbst und unserer Umwelt. Solch ein verändertes Verhalten mag für uns und vor allem für andere mitunter befremdlich wirken, weil alltägliche Gewohnheiten durchbrochen werden. Damit müssen wir rechnen und umgehen lernen.

„So kenne ich dich ja gar nicht wieder", hören wir dann oft. Und es liegt an uns, dann auch so zu bleiben. Der Mut dazu kommt, wenn wir uns entschieden haben, so zu fühlen und zu handeln, und es auch tun. Und Mut wächst bekanntlich mit jeder Gelegenheit, das Zaudern und die Angst davor zu meistern. Soweit wir diese inneren Energien und Emotionen mutig und vor allem unverfälscht zulassen, entdecken wir plötzlich in uns und um uns herum immer mehr mobilisierende und energetisierende Anreize, als wir es aus eher rationaler Sicht tun. Unser Körper-Selbst wirkt dadurch wie ein „essentieller Motor" (Ciompi, 1998, S. 85) auf unser Fühlen, Denken und Handeln und aktiviert einen anderen „Erkennungsdienst" für das, was in und um uns herum passiert.

Unser Denken im Radius der Energie

Herr Nettig hatte die Unterschiede zwischen sich und anderen Menschen tunlichst verwischt, wenn es brenzlig wurde. Er scannte seine Umwelt harmoniesüchtig nach Respektreizen ab. Bloß nicht auffallen, keine Position beziehen, keine Grenzen stecken. Ihm fehlte der Mut, sich ausdrücklich zu unterscheiden. Die Werte Respekt und Harmonie waren ihm im Laufe seiner Karriere zu einer Angst-Währung der Gleichmacherei missraten und zwangen ihn, etwas zu vermeiden statt etwas zu tun. Unsere Persönlichkeit aber entwickelt sich, indem wir uns herausfordern, etwas wagen, neugierig sind, experimentieren und Hinderliches überwinden. Wir entwickeln uns nicht, indem wir das Leben vermeiden (es sei denn, wir vermeiden, was unsere Entwicklung vermeidet). Aktivieren wir unseren boxenden Selbstkern, so gewinnen wir Kräfte aus uns heraus, um dort mutig zu handeln, wo wir zuvor ängstlich vermieden haben.

Als im Boxring das somatische Kern-Selbst für Herrn Nettig auftauchte, lieferte es seinen Mut gleich mit. Nach diesem Erlebnis gab er auf andere Dinge Acht, sein körperliches Kern-Selbst ließ ihn seine Umwelt anders beobachten. So konzentrierte sich Herr Nettig beispielsweise nicht mehr darauf, ob sein Kollege ihn nun anlächelte oder nicht. Lächeln und wohlwollendes Nicken hatte der Klient bis zum Zeitpunkt des Coachings noch als Zeichen der Akzeptanz fast schon notorisch von Kollegen erwartet; sein Bedürfnishintergrund der Harmonie und des Respekts verleitete ihn dazu, Dissonanzen zu vermeiden. Angst ließ ihn klein denken: Lächelt er oder mag er mich nicht?

Das Kern-Selbst dagegen richtete Herrn Nettigs Aufmerksamkeit auf ein anderes Spannungsverhältnis. Er spannte nun einen ganz neuen Motivhintergrund für seinen Willen und seine Handeln im Kontext der Bank auf, nämlich gute Arbeit aus eigenen Ansprüchen heraus zu leisten und damit Karriere zu machen: „Wie stehe ich in dem, was ich tue, vor mir selbst da? Wie werde ich hier gesehen? Und vor allem: Wie will ich gesehen werden?“ Seine neu entdeckten Werte lieferten ihm hierzu das entsprechende Repertoire innerer Haltungen: Kühnheit, Wagemut, Siegeswille, Tapferkeit, Risikofreude. Diese neuen Selbstbildaspekte motivierten ihn, anders zu handeln.

Vor diesem weit gespannten Karriere-Hintergrund, gestützt durch seine emotionalen Helden-Werte, vergrößerte Herr Nettig auch den Fokus seiner Aufmerksamkeit. Er dachte umfassender und achtete nun (statt auf ein Lächeln) auf die gesamte Person des Kollegen, der als ein wertzuschätzender Sparringspartner plötzlich interessant wurde. Sein Bedürfnis, sich weiterzuentwickeln, wurde ihm zur treibenden Kraft, seine Wahrnehmung umzugestalten. Er verschob den Figurenfokus seiner Aufmerksamkeit in einer von ihm selbst bestimmten Szenerie seiner neuen Selbstbilder und wagte damit auch neue Kontrapunkte gegenüber Kollegen zu setzen in dem, was ihm nun wichtig und bedeutsam war. Sein Mut, die Grenzen seiner Komfortzone zu überschreiten, hatte buchstäblich sein Gehirn verändert und neue Neuronenverschaltungen gebahnt. Das ermöglichte ihm einen neuen Weltblick, der wiederum neue Denkinhalte bewirkte.

Bedeutungen in unserem Leben entstehen durch dieses Spannungsverhältnis zwischen Figurfokus und Hintergrund, also aus dem Wechselverhältnis zwischen dem, worauf wir uns konzentrieren, und dem (Motiv-)Kontext, worauf wir uns dabei beziehen. Das lässt sich deutlich auch in der Kampfführung Alis entdecken. Ali drosch, wenn er das Kinn des Gegners traf, metaphorisch durch den Körper des Mannes hindurch, schlug auf ein hinter dem Kopf des Gegners angesiedeltes Ziel des Sieges. Dieser Ziel-Radius hinter seinen Gegnern ließ Ali so beweglich und flexibel, so tänzerisch leicht und ästhetisch erhaben agieren. Alis Taktik zirkulierte während des Kampfes um das Geschehen im Ring herum, seine Strategie sah den Kampf aus einer schwebenden Perspektive als Ganzes – vor dem Hintergrund seiner Vision, der Größte zu werden. Was er auch wurde. Und es ist ja bekanntlich nie zu spät, das zu werden, was man hätte sein können, wenn wir den Mut haben, anders zu handeln.

Neues Handeln bewirkt neues Sehen bewirkt neues Denken bewirkt neues Fühlen bewirkt neues Handeln.

Denn nur was dein Auge sieht, kannst du auch treffen, hatte Ali einmal gesagt. Es ist tatsächlich unser Körper, der die „Bedingungen unserer Möglichkeiten“ (Maturana 2002, S. 16) für uns bereithält. Und diese Möglichkeiten eröffnen uns neue Sinnkontexte für das, was uns und unserem Selbstverständnis wichtig sein sollte. Unsere frühesten Selbstbilder sind körperlich-emotional geprägt und bilden nachweislich den „Ursprung unserer Stabilität“ (Damasio 2001, S. 317).

Dieses Körper-Selbst liefert unseren Erfahrungen ein emotional spürbares Selbstverständnis, eine uns zugehörige Erlebnisperspektive: Ich bin es mit Leib und Seele, der hier fühlt, denkt und handelt. Aus diesem körperlich fundierten Erleben folgt meine Identität, meine autobiografische Gewissheit: Seit meiner Geburt bin ich es gewesen, der gefühlt, gedacht und gehandelt hat, und ich werde das auch morgen und in Zukunft noch sein. Alis Vision und auch Herr Nettigs Karriereziel erhielten ihre Energien aus dieser körperlich-emotionalen Selbstbildquelle. Alles, was wir Menschen tun, entsteht aus den Antrieben unserer Körper, um zu überleben. Mehr noch: Unser Tun und Handeln bilden die Ausgangspunkte unseres Denkens – unser Leben vollzieht sich in der „Verwirklichung unserer Körperdynamik" (Maturana 2002, S. 15).

Wozu nun dieser Exkurs ins neuronale Selbst? Weil die „Weisheit" des Körpers die energetische Grundlade unserer kognitiven Prozesse ist (Ciompi 1999, S. 127). Und der Boxer agiert aus dieser zentrierten Mitte heraus, er belebt und beatmet sie, und die Metaphern des Boxens verflüssigen dadurch unsere Gedankenkonstrukte, die dem Ziel der Dynamik im Wege stehen (würden). Lebende Organismen und damit lebende Systeme haben die Tendenz, sich in eine aufdrängende und für unser Überleben notwendige Richtung zu bewegen und damit zur kohärenten „guten" Gestalt zu werden. Der Boxer handelt permanent aus diesem inneren Antrieb heraus, eine für ihn stimmige und kohärente „gute Gestalt" zu erwirken. Der Körper unterscheidet, was passt und was nicht passt, und trifft entsprechende Entscheidungen. Insofern lässt sich feststellen, „dass jeder Organismus beobachtet" (Simon 2001, S. 88).

Der Boxer zerschlägt, was ihm nicht passt, und teilt neu ein, indem er austeilt.

6. Höre auf die „inneren" Stimmen deiner „Teamgeister"!

Der Mensch braucht, will er etwas in seinem Leben gestalten, bewegen oder verändern, eine Vorstellung davon – einen Begriff oder Namen, ein Wort oder eine Idee, eine Zeichnung oder Landkarte, ein Bild oder eine Metapher. Was Sie benennen können, können Sie beeinflussen. Das gilt vor allem für das, was in Ihrer Seele passiert. Stehe ich beispielsweise vor einer gravierenden Entscheidung – soll ich den Job in Kenia annehmen, die Millionen investieren, auswandern, die Familie mitnehmen oder mich scheiden lassen? –, regen sich in mir nicht nur zwei Seelen. Will die eine Seite sogleich fort, will die andere lieber bleiben, und dazwischen tönt ein Chor von Gedanken und Gefühlen quer durchs Seelenfeld.

Sobald ich aber die „Stimmen" in mir (wie Mut, Vorsicht, Angst, Rücksicht, Egoismus, Risikofreude, Familienglück) einigermaßen orten und benennen und dann zu mir auch „sprechen" lassen kann, bin ich eher fähig, einen auf Dauer tragbaren Entschluss zu fällen, als wenn ich im Rauschen der Stimmen etwa nur dem lautesten Ruf Gehör und Gefolgschaft verschaffte.

Für die Persönlichkeitsentwicklung, wie ich sie im Sinne der Selbstführung mittels des BoxCoachings erörtern möchte, bietet das in Kapitel 4 beschriebene „Modell" vom Selbst und seinen „Anteilen" eines der für mich bewährtesten Metaphern-Werkzeuge zur Lebensberatung an.

Dem liegt eine fundamentale Wirklichkeitsauffassung zu Grunde: Unser Leben und wir „selbst" sind nicht „objektiv" erklär- und verstehbar, was Sinn, Qualität und Eigenschaften unseres Denkens, Fühlens und Handelns betrifft (beschreibbar schon eher, wenn es etwa heißt „graue Haare", „dicker Bauch", „gebrochenes Bein").

Glaube ich beispielsweise, an meiner Tochter „kreatives Potential“ und damit „die Künstlerin“ in ihr zu entdecken, meint meine Frau mit gleichem Recht, in denselben Phänomenen vornehmlich „Unordnung“ und „die Wilde“ zu erkennen. Und entsprechend unserer unterschiedlichen „Modelle“ (von uns selbst im Besonderen und vom Menschen im Allgemeinen) behandeln wir unsere Tochter nachweislich verschieden. Und nicht nur andere Menschen „behandelt“ der Mensch nach seinen „Modellen“ – auch uns selbst behandeln wir nach „Bildern“, die wir uns selbst „machen“ (ausdenken, von anderen übernehmen, erhoffen, befürchten, bekämpfen, pflegen, aus Büchern und Theorien entnehmen).

Ein Team und mehr

In der Praxis der Lebensberatung und Psychotherapie hat sich unter den schier unzähligen „Tools und Skills“ das Modell des „Inneren Teams“ als herausragend für die Selbstführung und das BoxCoaching bewährt (Schulz von Thun 2001; Schwartz 2002). Die Gebrauchsart dieses „Werkzeugs“ klang schon im (boxfernen) Orchesterbild an. Das „Innere Team“ dient wie das Boxen (oder ein Orchester) als Metapher für menschliche Selbstsysteme, ist gleichsam ein Bild wie aus dem Leben gegriffen und damit äußerst lebensnah und alltagspraktisch wirksam. Bevor ich das an einem Coachingfall sichtbar mache, möchte ich kurz einige wesentliche Elemente dieses Modells erläutern.

Das Modell „Inneres Team“

- Jeder Mensch besitzt eine nur ihm eigene Art, er selbst zu sein. Dieses Selbst gilt als individueller Bezugsrahmen seiner vielfältigen Persönlichkeitsanteile, die erklär- und verstehbar werden als „Innere Teammitglieder“.

- Dieses Selbst und seine Führung bleibt beim Menschen als eine Art „Charakter-Klang“ relativ konstant und zeichnet ihn in seiner Persönlichkeit aus.
- Die Persönlichkeitsanteile des Menschen (seine Eigenschaften, Marotten, Talente, Gewohnheiten, Werte, Wünsche) können sich je nach Lebensphase verändern.
- Die Persönlichkeitsanteile eines Menschen (seine „Inneren Teammitglieder“) bilden sich im Laufe des Lebens durch Verhaltens-, Denk- und Gefühlsweisen heraus, die immer wieder gemeinsam auftreten und dann wie ein Muster zusammengehören (So denkt, fühlt und handelt der „Vorsichtige“ in unsicheren oder brenzligen Situationen stets ähnlich.).
- Jedes Teammitglied (etwa der „Mutige“, die „Heldin“, der „Besänftiger“, die „Wütende“, der „Kontrolleur“, die „Schüchterne“, der „Fachmann“) kann als selbständige Teilpersönlichkeit mit je eigenen Impulsen, Gedanken, Wünschen, Sehnsüchten, Ängsten, Prinzipien, Idealen erklärt und verstanden werden.
- Die Teammitglieder bilden – oftmals auch als Wiederkehr von erlebten Geschichten im Leben draußen – Koalitionen oder Polaritäten, haben Verständnis für einander oder bekriegen sich, unterstützen den einen, verdrängen den anderen und dergleichen.
- Die Art und Weise, wie unsere inneren Persönlichkeitsanteile „zueinander stehen“ (der „Impulsive“ wird unterdrückt vom „Ordentlichen“ oder die „Egoistin“ bekommt durch die Mahnungen der „Helferin“ ein schlechtes Gewissen), wiederholt sehr häufig Geschichten, Einstellungen und Beziehungen unserer Vergangenheit.
- Die Inneren Teammitglieder bestimmen als Selbstanteile die Handlungen des Menschen – ob nun mit oder ohne Selbstführung (so wie es Mitarbeiter ohne Führung gibt, aber keine Führung ohne Mitarbeiter).

Das Modell des „Inneren Teams“ verhilft dem Menschen, für seine Selbstführung (Dirigent) einen guten Kontakt zu seinen Selbstanteilen (Musiker/Instrumente) aufzubauen, um autonom und authentisch und stimmig und angemessen fühlen, denken und handeln zu können.

7. Selbstführung bringt's

Der Mensch ist von Geburt an mit einer Multiplizität (Vielfältigkeit und -gestaltung) innerer Strebungen, Impulse und Energien ausgestattet. Ein authentisches und für ihn stimmiges Denken, Fühlen und Handeln gelingen dem Menschen, wenn seine Selbstführung dieser Multiplizität seinem Selbstverständnis entspricht.

Wann Selbstführung gelingt bzw. misslingt

- Selbstführung gelingt dem Menschen, wenn …
  - er seine Selbstanteile kennt und versteht und sie ernst nimmt als berechtigte Stimmen seines Lebens (also sowohl selbstsympathische Anteile wie auch abgelehnte „Schattengewächse" oder gefürchtete „Höllenhunde")
  - die Selbstanteile/Teammitglieder dem Menschen in seiner Selbstführung vertrauen (und eben nicht selbst eigenmächtig führen wollen)
  - der Mensch einen für seine Führung notwendigen Abstand bewahrt zum „Treiben" des „Inneren Teams" wie auch zu jedem Teammitglied selbst (sich also nicht verwirren, verführen oder verblenden lässt von den Impulsen, Strebungen und Energien der Anteile)
  - der Mensch den Lebenssituationen entsprechend seine Teamaufstellung flexibel ändern kann (die einen Teammitglieder eher im Vordergrund, die anderen als Basis dahinter und die, die zur Situation „nicht passen", halten sich bitte verständnisvoll raus)
  - der Mensch seine Teammitglieder, die sich chronisch bekämpfen (die „Freiheitsliebende" und die „Anhängliche"), miteinander versöhnt und ins Team integriert

  - der Mensch seine Teammitglieder, die chronisch verquickt sind (der „Talentierte" und der „Selbstzweifler"), auseinander bringt und differenziert behandelt

- Selbstführung misslingt dem Menschen, wenn …
  - er sich mit einem (oder wenigen) Teammitglied(ern) identifiziert, also zum Beispiel „nur" die Sicht des Kontrolleurs oder der Wütenden einnimmt und damit ein Ungleichgewicht schafft und die wertvollen Potentiale vom „Rest der Truppe" missachtet
  - Teammitglieder der Selbstführung des Menschen misstrauen und selbst die Führung übernehmen, sodass der Mensch, der nicht mehr selbst führt, „nur noch" beispielsweise Angst oder Wut oder Depression zeigt oder sich einbildet, schwach „zu sein"
  - Teammitglieder untereinander sich bekämpfen oder Polaritäten bilden und beispielsweise den „Mutigen" mit dem „Risikofreak" antreten lassen gegen den „Vorsichtigen" und den „Sicherheitsschaffner"
  - Teammitglieder in ihren Polaritäten ein „Patt der Ambivalenz" bilden, was den Menschen nicht gerade entscheidungsfreudig werden lässt
  - Teammitglieder von anderen Selbstanteilen in den „Untergrund" gedrängt werden (der „chaotische Rebell" vom „konformistischen Manager") und von dort aus als ungehörte Wut zu unerhörten Taten beispielsweise einer depressiven Verstimmung neigen
  - einzelne Teammitglieder zu Energiefressern werden, weil sie die Führung und Aufmerksamkeit des gesamten Teams an sich reißen (der „Star-Gockel") oder umgekehrt aus dem Untergrund heraus wirken und dort bekämpft werden müssen (der „Depressive")

Jeder Mensch spürt, ob nun klar bewusst oder dunkel ahnend, wie es um seine Selbstführung bestellt ist. „Hole ich das aus mir raus, was ich wirklich will, oder stehe ich mir – durch wen und was auch immer in mir – selbst im Wege?“ Um hier Klarheit zu bekommen, sollte der Mensch sich herausfordern können (müssen muss er gar nichts), und das unter der bereits erwähnten Maßgabe:

Mutiges Handeln verändert unser Denken und Tun nachhaltiger als kluge Einsichten allein.

Handeln lügt nicht

Steigt ein Coaching-Klient mit mir in den Ring, passieren Dinge, die er so noch nie erlebt haben dürfte. Vor allem: Er muss (sorry, hier muss er) spontan auf meine Angriffe reagieren und offenbart damit unweigerlich seine Selbstanteile und die Art und Weise, wie sie „ticken“. Der Mensch, wird er herausgefordert, zeigt für ihn typische Verhaltensmuster und eine Ahnung der dahinter liegenden seelischen Strukturen: Der Mensch nimmt sich mit, wenn er boxt.

Und wer boxt, lügt nicht. Maskerade? Vergeblich! Der boxende Mensch handelt authentisch, muss es tun, um erfolgreich sich selbst führen zu können, und jegliches Rollenspiel zerfleddert unter dem Echtheitsdruck des Konflikts. Sie sind das, was Sie wie tun.

Zum hinlänglich bekannten Unterschied zwischen Worten und Taten schreibt der systemische Therapeut und Berater Fritz B. Simon passend: „Wenn Sie wissen wollen, was jemand denkt, dann hören Sie weniger auf das, was er sagt, sondern schauen Sie auf das, was er tut (das gilt natürlich auch für Sie selbst)“ (Simon 2001, S. 47).

Wollen Sie also Lebenshaltungen erkennen, schauen Sie auf die Tat. Und so schildern Klienten immer wieder prägnant den Zusammenhang zwischen Biografie, Verhaltensstrukturen, Privatleben, Beruf und dem boxerischen Verhalten im Ring: Jeder Mensch boxt anders und genau so, wie es seiner psycho-physischen Konstitution, also seinen „Landkarten“ gegenüber der Welt entspricht, und jeder kann so boxen und sich im beruflichen wie privaten Alltag dann auch so verhalten, wie es seinen bislang unentdeckten Ressourcen angemessen ist.

Und nun das Beispiel: Frank Mompert, Anfang fünfzig, wechselte als Chefredakteur für den gleichen Leitungsposten den Verlag, bekam dort als Stellvertreter jedoch einen „alten Hasen“, der seit über 20 Jahren im Verlag und seit langem auf den Chefredakteurssessel erpicht war. Im alten Job des Chefredakteurs führten dessen Konfliktangst und sein ausweichendes, beschwichtigendes und allzu smartes Verhalten oft zu nachhaltigen Problemen; der „alte Hase“ im neuen Verlag gilt zudem als Haudegen. Und nun?

Im BoxCoaching konnten wir über die Arbeit mit dem Inneren Team „Polaritäten“ zwischen Teammitgliedern ausmachen. Da gab es den „Konfliktscheuen“ und den „Nachsichtigen“, die im Konflikt lagen mit dem „Visionär“ und dem „Macher“. Hin- und hergerissen zwischen den Argumenten, steckte der Klient im „Patt der Ambivalenzen“ fest und konnte kaum richtig Stellung beziehen gegenüber seinem neuen Stellvertreter. Er verlor langsam seine Selbstführung, versank in Apathie und wich Entscheidungsfragen in der Redaktion mehr und mehr aus.

Im Ring tauchte plötzlich ein neues Teammitglied auf und löste das Problem im Schlagumdrehen. Sobald Frank Mompert nämlich von der Verteidigung zum Angriff überwechselte, spürte er in sich einen lange verschüttgegangenen Persönlichkeitsanteil wieder aufleben. Er nannte ihn den „wachsam-weisen Krieger“, einen reifen Nachkömmling des jugendlichen Rabauken in der Psyche dieses Mannes. Dieser wiederbelebte Charakteranteil wagte es mit unumwundener Selbstverständlichkeit, unerbittlich um die Sache zu kämpfen, und verstand es dennoch, den „Menschen im Feind“ zu achten.

Diese innere Figur aus Selbstvertrauen und Stärke ließ den Chefredakteur im Ring vehement, aber immer kontrolliert und zielsicher angreifen. Ich spürte mit einem Mal, wie vor mir ein anderer Mensch als der, den ich in den ersten Coachingsitzungen kennengelernt hatte, für sich zu kämpfen verstand: eine regelrechte Kampfeslust und die unerschütterliche Selbstachtung eines Siegeswillens.

„Besinn dich endlich auf deine Stärken und lege los!“ rief der „wachsam-weise Krieger“ dem Klienten als Motto für die Selbstführung zu, und damit gelang es ihm wieder, seine im inneren Streit erstarrten Persönlichkeitsanteile aufzuscheuchen, sie zu versöhnen und selbstsicher zu führen.

Nun galt's noch, die Sache mit dem „Haudegen“, seinem Stellvertreter, zu klären. Das übten wir in Rollenspielen. Frank Mompert horchte hierzu jedes Mal kurz in sich hinein, vernahm das Eigenmotto seines starken Teammitgliedes, richtete sich auf, atmete durch und legte los. Ich spielte den „Haudegen“ und wusste dem authentischen Auftreten des Klienten bald nichts mehr zu entgegnen, so überzeugend und selbstbewusst konnte er plötzlich als der neue Chefredakteur argumentieren und mich in der Rolle seines Stellvertreters führen. So machten wir den Mann fit, die Ausnahme des Ringerlebnisses auf das Echtverhalten im beruflichen Alltag erfolgreich zu übertragen.

Die bislang hinderliche konfliktscheue Nachgiebigkeit überwand der Chefredakteur selbstbewusst offensiv mit seiner nunmehr wieder gewonnenen eigene Stärken. Sein Stellvertreter, so berichtete er, respektierte dann im redaktionellen Tagesgeschäft schnell, wo er als alter Hase nach den Vorgaben seines Chefs von nun an entlangzulaufen habe.

Das Selbstvertrauen in die eigenen Stärken ist eine Entscheidung.

Mit solchen Erlebnissen verbessert der Mensch seine Fähigkeiten und Talente deshalb so nachhaltig, weil er sein Selbst in seinen Persönlichkeitsanteilen bestätigt fühlt und durch eine neue „Mannschaftsaufstellung“ zugleich verwandelt. Solche persönlichen Wandlungsprozesse bauen eigene Kompetenz auf, wagen das Neue und doch zutiefst Vertraute und machen den Menschen in seinen Stärken sich selbst wieder verfügbar.

Der Mensch als Boxer seiner selbst inmitten seiner eigenen Umwelten macht kraftvolle und mutmachende Selbstanteile (wieder) erfahrbar und führt damit einen wichtigen Unterschied in sein psychisches System ein. Plötzlich ist da was Neues mit uns im Bunde aufgetaucht, eine „Heldin“ vielleicht oder der „Wagemutige“, ungewohnt noch und vielleicht auch unheimlich, doch alsbald vertraut und heilsam heimisch. Solche kraftvollen und ressourcenreichen Anteile vermitteln dem gewohnten Tun und Treiben des gesamten Routine-Teams (oder auch einzelnen bedürftigen Mitgliedern) sehr häufig eine hilfreiche Botschaft, einen wegweisenden Impuls, einen systemstärkenden Antrieb, eine frappierende Idee. Und wie überraschend danach Menschen mit und in sich stimmig handeln und wirksame Unterschiede erschaffen können.

8. Hab Mut zum Unterschied!

„Das traue ich mich nicht“; „ich warte lieber noch mal ab“, „vielleicht geht’s auch anders und leichter“; „jetzt tue ich das noch nicht“; „wahrscheinlich ändert sich das ja auch von selbst“. Wir hören solche rhetorischen Airbags zum Selbstschutz täglich, Sprechblasen im Gleichstrom-Comic unseres Alltags, und nicht nur aus fremden Mündern.

In uns selbst quellen die Sprachkonstrukte unserer Ängste allzu oft zu Zweifeln auf und lassen uns zurückzucken vor dem, was einen Unterschied in unserem Leben ausmachen könnte. Der Mensch will etwas tun, er will handeln, spürt einen Impuls dazu, hat möglicherweise sogar eine konkrete Vorstellung davon, und …, plopp, schon bläht sich der nächste Zaudergedanke vor den Impuls, der zur Tat schreiten wollte, und alles bleibt, wie’s war.

Der Mensch hat Angst vor Unterschieden. Das lässt ihn sesshaft werden, Gewohnheiten aufbauen, Identitäten entwickeln, die Komfortzonen sichern. Und das ist ja auch in Ordnung so und lebenswichtig und macht den Menschen zu dem, was er darstellt. Der Mensch (a) etabliert aus der Natur seiner biopsychischen Prägung heraus einen Zustand (b), der aus seinem gewohnten Fühlen, Denken und Handeln erfolgt (Lebensstil, Marotten, Verhaltenweisen, Redewendungen). Diesen Zustand versucht der Mensch gegen unliebsame Ereignisse (c), die den Zustand bedrohen könnten, zu schützen, weil er ein energiesparendes Gewohnheitswesen ist.

Ob der Raucher (a) seinen Zigarettengenuss (b) durch die vom Arzt verordnete Abstinenz (c) gefährdet sieht oder ein Mitarbeiter (a) seinem cholerischen Chef (b) endlich mal ein „Stopp! So nicht mehr!“ (c) entgegenzuhalten wagt – Unterschiede entscheiden, ob das Leben neue Richtungen erfährt (oder nicht). Wenn wir also hier über Unterschiede verhandeln, die wirklich Unterschiede (c) machen, geht es um dieses Dritte (c), das immer zweier Elemente bedarf (a und b), um dazwischen treten zu können.

Was aber löst nun der Unterschied aus, sodass Furcht entsteht? Zumeist ist es die Befürchtung einer Trennung, und damit eines Verlustes von etwas, was die Angst und damit den Widerstand gegen den Unterschied wachruft. Dahinter steckt zumeist Angst des Menschen vor dem Verlust des eigenen Images oder der Glaubwürdigkeit, seine Angst vor möglichen Beziehungsschäden, vor zwischenmenschlicher Ablehnung, aber auch Ängste vor dem Verlust der Selbstachtung und Wertschätzung sowie vor dem Verlust liebgewordener Gewohnheiten. All diese allzumenschlichen Ängste aber hängen wiederum ab von der Art und Weise, wie wir die Unterschiede, die wir setzen (wollen), uns selbst erklären und bewerten. Etwas Neues wagen zu wollen (beispielsweise als Projektleiter einen kritischen Vortrag vor dem Gesamtvorstand halten), steht oder kippt mit meinen Deutungen, was dabei alles passieren könnte. Denn Unterschiede setzen ist das eine (und das sollten wir, damit es uns besser geht, hin und wieder tun). Ob sie trennend, klärend, verstörend, verbindend, belebend, markierend, verschönernd oder einfach nur unterscheidend sind, ist etwas ganz anderes (und das können wir uns, damit es uns besser geht, reiflich und frei überlegen).

Die Freiheit zum Unterschied wirkt paradox

Wenn ich das Klienten erkläre, wird fleißig genickt. Klar, die Einsicht fällt uns leicht. Nur, verändern vermag der Gedanke allein recht wenig, und so bleibt's beim beruhigten Gewissen durch Einsicht, das dafür sorgt, dass sich nichts verändert. Die Menschen trauen sich nicht, ihren eigenen Weg so zu gehen, wie sie ihn eigentlich gerne gehen möchten – und auch könnten. Ihre Angst vor Unterschieden konstruiert Annahmen darüber, was passieren könnte: mentale Airbags mit Kristallkugeleffekt gegen den befürchteten Aufprall. Und meist quellen die Spruchblasen aus ängstlicher Zauderei oder falscher Rücksicht gegenüber anderen Menschen auf.

Hierzu hat Rupert Lay das „Paradox der Autonomie“ formuliert: „Sie werden nie voll akzeptiert werden, wenn Sie nicht bereit sind, das Risiko zu tragen, abgelehnt zu werden“ (Lay 1995, S. 80). Eine der schwersten Unterlassungssünden für das Selbstwertgefühl. Und genau hier beginnt die eigentliche Freiheit des Menschen: gegen bestehendes Denken aufzubegehren, um das erreichen zu können, was man eigentlich und wirklich will. Diese konstruktive Trotzmacht geistiger Freiheit hebt den Menschen, sich und anderes überwindend, aus chronischen Routinen hinaus.

Für diesen Mut zum Unterschied springt der Boxer gleichnishaft in den Ring des Lebens und zerschlägt die Zauderkultur der Angst und ihrer Eventualitäten. Der Boxer in uns blickt nicht zurück, denkt nicht nach über das, was mal war. Er ist sinnbildlich nicht festgelegt durch vergangenes Tun oder altes Wissen, das bestimmen könnte, wie der nächste Schritt nach vorne wirkt. Der Boxer dreht das Rad seiner Geschichte im Ring mit jedem Schlag und Schritt neu um.

Was die Boxerseele stark macht, ist ihre bewusste Chance, jederzeit durchatmen und zurückschlagen zu können.

Denn: Alte Hemmungen behindern neue Freiheiten und den Mut dazu. Was uns hemmt, sind meist „Sprachfesseln“, neuronal gespeicherte Gedankenkonstrukte im Gehirnareal des Kortex, die an- und ausgesprochen werden müssen, um sie schließlich, durch welche Lebenserfahrungen auch immer, „lockern“ zu können:

„Ich will Ihnen nicht weh tun; wenn ich mich nicht nach dem anderen richte, denke ich, ‚der nimmt es persönlich‘; ich habe kein Recht, den jetzt so zu attackieren, das hab’ ich noch nie gemacht, so aus mir rauszugehen, wie denkt der jetzt über mich; ich kann doch nicht einfach so mein Ziel verfolgen; ich kriege schnell das Gefühl, der andere bestimmt, wo es lang geht, und dann geb' ich schnell auf ..." und so fort.

Solche Denkkonstrukte zeigen sich im BoxCoaching – wie im Lebensalltag generell – immer wieder, und das Handeln gleicht oftmals einem unentwegten Kampf gegen die eigenen inneren Sprachfesseln und Selbstbilder.

Der Boxer symbolisiert eine Lebenskraft, die unzerstörbar ist, die selbst nach Niederlagen dem Menschen wieder zuwächst (zu Boden gehen ist ja nicht das Problem – liegen bleiben schon) und uns weiter kämpfen lässt – das erwachte Bewusstsein eines ganzen Menschen, der seine psychophysische Einheit immer wieder zurückerobert als Quelle seines Mutes, seines Willens und seiner Ziele.

Es sind die extremen Situationen, die unser Denken und mehr noch unsere Gefühle hoch aktivieren – wie das beim Boxen passiert –, und mit denen das Gedankenkorsett gerade durch emotionale Veränderungsprozesse und daraus entstehende neue Selbstbilder aufgesprengt werden kann. Das kann wehtun, aber ein Leben ohne Schmerzen würde menschliches Wachstum zur Individuation nicht vorsehen, nämlich diejenigen gefühlstiefen Erfahrungen, die uns durch Unterscheidungen unvergleichlich werden lassen. Und die Gehirnforschung liefert dazu auch sogleich das neurobiologische Fundament.

Körperbilder – die Basisdrahtzieher unseres Lebens

„Die inneren Bilder, die in solchen emotional aufgeladenen Situationen in den assoziativen Bereichen des Gehirns entstehen, bleiben eng mit den für die Regulation körperlicher Funktionen zuständigen Aktivierungsmustern in subkortikalen, limbischen Hirnbereichen verbunden und werden deshalb besonders komplex und nachhaltig stabilisiert und durch Bahnungsprozesse strukturell verankert. Es sind Bilder, die nie wieder ‚aus dem Sinn' gehen, weil sie so sehr ‚zu Herzen' gegangen sind." (Hüther 2004, S. 23)

Passende Wirklichkeiten konstruieren

Wer boxt, ob nun zwischen den Ringseilen eines Boxkampfes, im Lebensring des Alltags oder, den inneren Schweinehund und Barrieren bekämpfend – der Mensch nimmt sich mit, erlebt sich neu und steigt unausweichlich anders aus dem Kampfgeviert heraus, als er hineingegangen ist. Die Emotionen, die hierbei im limbischen Gehirnteil entstehen, fachen neuronales Feuer auf die „Sprachkarten" der Gedankenroutinen in der Großhirnrinde (Neokortex) an und wirken auf sie verändernd ein.

Ein Beispiel: Erika Bloßweg, Ende vierzig, geschieden und Mutter eines pubertierenden Sohns, kam ins Coaching wegen Burnout-Symptomen und einer stark ausgeprägten Konfliktangst. Ihr Gesicht wirkte fahl und verhärmt, und sie betrat mit einer solch gebückten Haltung meine Praxis, als sei aus ihrem Leben alle Freude verschwunden. Entwichen denn auch ihr Wille, anderen Menschen gegenüber Grenzen zu zeigen und sich selbst zu behaupten.

„Auseinandersetzungen gehe ich schon von weitem aus dem Weg, und wenn es dann doch mal drauf ankommt, sage ich fast immer ‚Ja' und gebe nach." Auf offene Konflikte, besonders mit dem Sohn, aber auch mit Kolleginnen (sie arbeitete als Versicherungsberaterin), reagiere sie mit „Angst und tiefer Sprachlosigkeit".

Im Boxring zeigte sie das gleiche zögerlich-ängstliche Verhalten, traute sich nicht, auch nur ansatzweise ihre Kräfte, die sie durchaus besaß, anzuwenden, und lächelte zudem jedes Mal, wenn sie von mir getroffen wurde, als ob *sie* sich entschuldigen müsse („Egal, ob ich Recht hab, ich geb' immer nach.").

Aus der biografischen Arbeit im Coaching wurde deutlich: Sie war mit zwei älteren Brüdern aufgewachsen, mit denen sie oft im Streit lag. Ihre Mutter hatte jedoch dem kleinen Mädchen gegenüber Konflikte stets mit körperlichen Verletzungen assoziiert. Die hier prägende mütterliche Standard-Warnung von anno dazumal lautete: „Mädchen streiten sich nicht, geh' Streitigkeiten mit deinen Brüdern bloß aus dem Weg, du kannst verletzt werden! Streite dich auch nicht mit anderen, da kann das Gleiche passieren. Gib lieber nach, das ist klüger." Im episodischen Gedächtnis der Klientin (wo die Erlebnisse des Menschen „gespeichert" werden) war der Konflikt angstvoll mit Verletzungsgefahr von Kindesbeinen an gekoppelt.

Beim darauf folgenden BoxCoaching ereignete sich ein so genanntes skriptüberwindendes Erlebnis, das die kindliche „Gehbloß-weg-und-gib-nach"-Einstellung wie einen alten Text überarbeitete. Während des Kampfes sagte Frau Bloßweg plötzlich: „Bitte schonen Sie mich jetzt nicht!" Da forderte ich sie extrem heraus und setzte noch eins drauf und attackierte und provozierte sie mit einer paradoxen Intervention: Ich griff ihren höchsten Wert der Selbstachtung (den wir in einer vorangegangenen Werteübung herausgefiltert hatten) mit frechen Sprüchen an. Jetzt ging sie endlich tatsächlich aufs Ganze, wagte zum ersten Mal und für mich überraschend einen extrem offensiven Schlagabtausch.

Unvermutet ereignete sich dabei etwas Erhellendes: Während sie mich offensiv und konzentriert attackierte, sah sie plötzlich um „zehn Jahre jünger" aus. Dieses Aufblühen einer energetischen Kraft musste ich ihr als „inneres Weisheitssignal" ihres Körpers zurückmelden (zumal Eitelkeiten provoziert werden können). Und das hatte dann auch gesessen. Sie spürte ihren Willen wieder, lebte ihre Kräfte aus, riskierte intuitiv körperliche Verletzungen, durchbrach damit ihr mentales Tabu und schrieb gleichsam ihre Geschichte ein wenig um. Da stand mit einem Mal „die starke Erika" in ihr wieder auf und traute sich, „Nein!" zu sagen.

Im anschließenden Coaching entwickelten wir gemeinsam die Metapher eines Menschen, der bis zum Meeresgrund getaucht ist und keine Angst mehr vor Pfützen zu haben braucht. Mit ihrer Ausnahmesituation im Ring, emotional hoch bewegend lösungsorientiert, wertete die Klientin ihre alltäglichen Konfliktsituationen mutig um.

Der Psychoanalytiker und Neurobiologe Friedrich-Wilhelm Deneke schreibt hierzu, „dass Erlebnisse, die intensive Bedürfnisse und Gefühle mobilisieren, in besonderer Weise strukturbildend wirken – und zwar deshalb, weil sie die übergeordneten Modulationssysteme beeinflussen. ‚Strukturbildung' aber bedeutet auf neurologischer Ebene, dass neuronale Verknüpfungsmuster zeitlich überdauernd verändert werden – so dauerhaft, dass es zur Gedächtnisbildung kommt" (Deneke 2001, S. 69).

Nachhaltige Veränderungen zu wagen, kann schmerzen, und der Schritt dazu erfordert Mut. Der Mut eines Boxers ist sein Pakt mit der Angst. Den hatte Frau Bloßweg bewiesen, und die Angst packte sie dabei weniger vor dem äußeren Gegner als vielmehr vor dem inneren Kampf gegen ihr eigenes Selbstbild („ich bin konfliktscheu"). Vor dieser unpassend konstruierten Angst („Konflikte verletzen") schreckte sie nicht mehr zurück, im Gegenteil. Denn will das System der Psyche, wie Fritz Simon betont, mit sich authentisch und stimmig überleben, „konstruiert es eine passende Wirklichkeit". Der Persönlichkeitsanteil „die starke Erika" deutete Konflikte in willkommene Chancen um, „Nein" sagen zu können. Für Frau Bloßweg hieß das, den Unterschied wagen, Mut entwickeln, Angst ruhig zulassen und dabei keine Angst vor der Angst haben.

Wir können keine neuen Verhaltensweisen und die dazu passenden Selbstbilder entwickeln, wenn wir nicht mutig genug sind, unsere gewohnten Gefilde zu verlassen und dabei unsere inneren und äußeren Umwelten zu verstören. Aber das verfolgt uns Menschen ja, seitdem wir die Metapher vom Schatten erfunden haben, über den wir tagtäglich zu springen versuchen – und es auch schaffen können.

Beim Schattenboxen trifft der Boxer seine inneren Gegner.

Wie kam es im Fall von Frau Bloßweg dazu? Ihr Inneres Teammitglied „die starke Erika“ war seit Jahrzehnten verschwunden. Sie erinnerte sich mit einem Mal, diesen für sie so wichtigen Persönlichkeitsanteil in ihrer frühen Kindheit „massiv ausgelebt“ zu haben. Die „Wilde unter Brüdern“ hatte eine Zeit lang sogar das Sagen gehabt, hatte den Ton angegeben und entschlossen um jede Parzelle Spielraum gekämpft. Bis es ihrer Mutter zu bunt wurde und es Strafe samt Verbotsphrasen hagelte. Und weil ihr die Liebe und Anerkennung der Mutter über alles ging, entwickelte Frau Bloßweg ein inneres Trio von Selbstanteilen für den trügerischen Frieden in sich heraus, die „Ja-Sagerin“, die „Konfliktscheue“ und die „Harmoniesüchtige“. Mit diesem Watte-Team mogelte sich Erika Bloßweg bei der Mutter und danach durch ihr Leben stressfrei bis friedhöflich still durch. Für Frau Bloßweg schien es bald unmöglich, aus ihrer Komfortzone heraus mutig einen Unterschied zu wagen.

Für diese Unterlassungssünde zahlte sie ungewollt einen hohen Preis. Miese Stimmungen verseuchten ihre Seelenlage, widerwillig, weil diese Seelenschieflagen von Frau Bloßwegs mangelnder Selbstführung losgelöst wirkten. Die von der Klientin ungehörte Stimme ihrer verdrängten „starken Erika“ verkehrte sich in eine unerhört schwermütige Stimmung, was wieder einmal zeigt: Verhinderte Expressionen werden allzu leicht zu ungewollten Depressionen.

Wer wagt, nach außen hin zu kämpfen, hört auf, sich innerlich selbst anzugreifen.

Geistig gesund bleiben heißt, die Wahl zu haben, so oder anders frei handeln zu können. Wer in seiner Selbstführung auf Dauer nicht selbst wählen kann und stattdessen sich von äußeren oder inneren Ansprüchen fremdsteuern lässt, versäumt sich selbst und seine Wahlmöglichkeiten. Häufig erschwert dabei unser altes Wissen die neue

Wahl – und meist die entscheidende. Da prägen sich uns Erfahrungen oft zeitlebens ein, neuronal abgesichert zu inneren Erzählungen, die, je öfter wir sie uns erzählen, Privatmythencharakter erhalten. Solche (Selbst-)Erzählungen können uns gut tun und oft helfen, über so manche Runden zu kommen. Tun sie's aber nicht und hindern uns eher, das zu tun, was wir eigentlich tun wollen, liegt's an uns, unserem Willen und unserem Mut, entgegen unseren Gewohnheiten neue Erfahrungen zu wagen.

Durch neue Erfahrungen werden nun die alten Texte nicht einfach – klick – gelöscht. Es entstehen aber durch mutige Erlebnisse Gegenentwürfe, die unseren Werten, Zielen und Kompetenzen mehr entsprechen und uns helfen können, alte Verhaltens-, Denk- und Gefühlsmuster zu durchbrechen. Dazu ist oftmals ein Extrem vonöten, einer Art Grenzsituation im existentialistischen Sinne, die wir alleine selten herstellen können, und somit bedarf es einer uns verstörenden Gegner- bzw. Konflikt-Partnerschaft unserer selbst.

Ein Leben ohne Widerstand verdirbt den Charakter.

9. Passende Selbstbilder kreieren – und die Selbsttreue in Lebenskrisen sichern

Ob Sie nun tatsächlich in den Boxring steigen oder lieber boxmetaphorisch das Ringgeviert um eine Alltagssituation aufspannen und darin agieren wollen – bevor's losgehen soll mit der Grenzsituation, fragen Sie sich selbst:

- Was will ich erreichen, verändern oder bewahren?
- Was steckt in mir und wo will ich damit eigentlich hin?
- Welches Bild von mir treibt mich dabei vorwärts?

Simple Fragen, zugegeben. Fragen zur Motivation und zum Möglichkeitscharakter eines selbst bestimmten Lebens. Doch wer stellt sie sich schon regelmäßig? Und wer beantwortet sie auch selbst? Und wer hält sich dann auch konsequent an seine eigenen Antworten?

Die Weisheiten unseres Körpers liefern wesentliche Hinweise für unsere Antworten. Unsere Psyche mobilisiert für das, was wir erreichen wollen, die meiste Energie aus basalen inneren Körperbildern. Körperbilder beeinflussen die Art und Weise, wie wir denken, fühlen und handeln. Das wiederum beeinflusst maßgeblich unsere Nervenverschaltungen im Gehirn, die, einmal etabliert, wiederum unser Denken, Fühlen und Handeln steuern. Und was wir daraufhin tun, fühlen und denken, bestätigt und verstärkt im Rückkopplungseffekt dann wieder die neuen Nervenbahnungen. So produziert das Gehirn bildliche Steuerungselemente, an deren Gestaltung wir maßgeblich beteiligt sind. Denn unsere inneren Bilder, die wir uns von uns selbst, aber auch von unseren Beziehungen zu anderen Menschen sowie zur uns umgebenden Umwelt machen, bilden gleichsam die Basisdrahtzieher unseres Lebens. Von der Beschaffenheit dieser inneren Bilder hängt es ab, ob der Mensch sein Gehirn wie eine Art Muskel benutzt und damit wiederum auf die Bilder gestaltend einwirkt.

Wir haben es im Griff, dass das Gehirn uns nicht einseitig im Griff hat.

Das Leben hat damit eine der spannendsten Wechselbeziehungen der menschlichen Entwicklung kreiert. Was wir glauben, zu sein und leisten zu können, also unsere Fähigkeiten, unser Leben nach unseren Vorstellungen zu gestalten, hängt davon ab, welches Bild wir uns von uns selbst machen. „Es gibt Bilder, aus denen Menschen Mut, Ausdauer und Zuversicht schöpfen, und es gibt solche, die Menschen in Hoffnungslosigkeit, Resignation und Verzweifelung stürzen lassen", stellt der Neurobiologie Gerald Hüther (2006, S. 9) fest.

Und wir haben dabei die Wahl, unser Denken, Fühlen und Handeln auf der Basis unserer inneren Bildwerte bewusst zu gestalten. Wir können mit entscheiden, welches innere Bild von uns unser Leben mitbestimmt in dem, wie es sein müsste oder werden könnte. So gestalten wir unser Leben als einen fortlaufenden *Bild*ungsprozess im Zeichen unserer Selbstbilder. Der neuronale Aufbau solcher Bilder auf der Grundlage von DNA-Strukturen ist von Neuronenforschern (Damasio 2006; Grawe 2004; Hüther 2004; Schiepek 2004) erforscht und hinlänglich beschrieben worden.

Eine wesentliche Schlussfolgerung für uns und unsere Faustregeln der Selbstführung daraus lautet: „Ohne den Rückgriff auf solche inneren Bilder ist kein Leben möglich" (Hüther 2004, S. 44). Und für das BoxCoaching als Erlebnis-Feld und Metaphern-Ring gilt hiernach: Die „wichtigsten Bilder" des Menschen, „die das Gehirn als innere Repräsentanzen erzeugt, (sind) Bilder über den Zustand des Körpers, *Körperbilder*" (2004, S. 62).

Gerade für den ständigen Wechsel von Stabilität und Instabilität, von Bewahren und Verändern, der die meisten Menschen gegenwärtig immens herausfordert, ist es die Basis-Aufgabe des Gehirns, die „innere Ordnung des Körpers“ zu bewahren. Das liefert zugleich die Basis-Metapher aller Veränderungen menschlichen Lebens:

Je flexibler Sie Ihr Selbstgefüge bewahren, umso stabiler steuern Sie Ihr Leben selbst.

Eine Quintessenz des BoxCoachings. Die psychische Stabilität des Boxers resultiert daraus, wie flexibel er denkt und wie schnell er handelt. Diese Wechselwirkung zwischen Psyche, Denken und Körper ermöglicht das Überleben – nicht nur des Boxers. Fordert uns etwas im Leben heraus, uns zu verändern, damit wir dieselben (also kohärent) bleiben können, liegt es an unserer anpassungsfähigen inneren Beständigkeit, den Wandel konstruktiv zu gestalten. Das Leben ist nun mal, frei nach Mark Twain, ein verdammtes Ding nach dem anderen. Eine Gerade hier, ein Haken da und zwischendurch auch mal ein Tiefschlag.

Wir können darauf umso flexibler (re)agieren, je autonomer unser Selbst die uns frei verfügbaren Selbstbilder (Teammitgliedern, Persönlichkeitsanteilen) führt. Unser Selbstbild, unsere Meinung von uns selbst, ob nun bewusst oder unbewusst, steuert als innere Haltung (zu uns selbst und zu anderen Menschen) unser Denken, Fühlen und Handeln mit dem, wie's weitergehen soll mit allem. Ihr Selbstbild liefert Ihrem Weltbild Farbe und Plastizität (oder eben nicht).

Hierzu mobilisiert und stärkt das BoxCoaching das Balance-Management zwischen Stabilisierung und Veränderung. Das heißt: Die Sicherheit des Selbstbildes in mir meistert die Unsicherheit der Weltbilder draußen. Ausnahmslos alles, was dem Boxer bzw. der Boxerin im Ring zustößt, kann sein/ihr Selbstsystem verstören. Im Schlagabtausch mit meinem Gegner (bildlich: Herausforderung, Widerstand, Konflikt, Risiko, Auflehnung, Hindernis, Umbruch) erlebe ich mich vor eine Entscheidung gestellt, wo mir klar wird: Hier willst, kannst und darfst du nicht ausweichen.

Der Mensch darf Situationen schon mal ausweichen, aber niemals sich selbst.

Ob im Ring, im Büro, in der Partnerschaft – Konfliktpotential entsteht, sobald ich etwas anderes will und erwarte, als mein Gegenüber es tut. So wie ich mich sehe, so will ich genommen werden, so will ich handeln. Und das läuft wechselseitig ab. Auch mein/e Konfliktpartner/in denkt, fühlt und handelt auf der Basis seiner/ihrer Geschichten und Vorannahmen. Unsere inneren Skriptmacher knipsen die Projektionslichter für unseren Lebensfilm an: So soll's laufen, das will ich sehen! Und jede(r) sieht's für sich auf der Leinwand richtig. Nur, da gibt's schnell das Gerangel mit dem Nachbarn um die Sessellehne im Kino. Wir spüren, wir sind nicht allein, und wir fühlen, etwas stört uns. Solchen heiklen Situationen wohnt stets der Zauber der Selbsterkenntnis inne. Dazu verwende ich gerne den Begriff der konstruktiven Konfliktpartnerschaft, in der unsere Art Heldenmut zur Selbstüberwindung gefragt ist.

Die Krise, die verstört, ist die Chance des Wandels, sich selbst treu zu bleiben.

Ein Beispiel: Herr Hausmann, Geschäftsführer einer Baufirma, war mit seiner Führung von zehn Oberbauleitern zufrieden. Seine wertschätzend kollegiale Art des Umgangs erfuhr im Betrieb allgemeine Zustimmung. Und wenn er konfrontieren musste (in seinem Gewerbe häufig der Fall), bleib er stets fair und immer orientiert am Menschen im Mitarbeiter. Seine „Mannschaft" von insgesamt 120 Bauarbeitern anerkannte nachweislich seinen Führungsstil als gewinnbringend für Stimmung und Umsatz.

Einer seiner Oberbauleiter allerdings scherte brachial aus, raunzte seine Mitarbeiter ständig an, behandelte sie „wie Leibeigene" und drohte ihnen mit Konsequenzen, würden sie seinen Anweisungen nicht folgen. Vor allem: Er ließ sich von Herrn Hausmann nichts sagen. „Das geht schon so weit, dass meine Führung der anderen

Kollegen Schaden nimmt." Herr Hausmann fühlte sich „machtlos und schwach", sobald der Oberbauleiter auf der Bildfläche erschien. Gleichwohl, dieser Herr Mörtel arbeitete wie ein „hochkompetentes Arbeitstier, eine fachliche Rarität im Baugewerbe", was ihm bisher seine Stellung in der Firma gesichert hatte.

Gefragt, was den emotionalen Unterschied ausmache zwischen Herrn Mörtel und ihm, stellte Herr Hausmann sogleich fest: „Der fühlt sich unabhängig von mir und meiner Firma, der kann jederzeit woanders hin. Ich dagegen fühle mich total abhängig von ihm, ich wüsste nicht, was ich ohne ihn und seine Fachkompetenz machen sollte."

Ein typischer Teufelskreis hatte sich da ergeben. Wenn Herr Hausmann über den Fall sprach, stand ihm seine Ohnmacht ins gerötete Gesicht geschrieben. „Und Herr Mörtel merkt das sofort, der weiß, dass ich Angst habe, ihn zur Rede zu stellen, weil ich befürchte, keinen neuen guten Oberbauleiter finden zu können. So macht der, was er will."

Wie konnte Herr Hausmann diesen Konflikt meistern? Je länger er diesem auswich, desto mehr litten seine Selbstachtung sowie sein angesehener Führungsstatus. Ihm war klar: „Ich stehe mir mit meiner Angst selbst im Wege." Aus der Erinnerung tauchte ein Selbstanteil auf, den Herr Hausmann als „weinerlichen Angsthasen" beschrieb. „Wenn der auftaucht, fehlt mir jedes Selbstvertrauen, dann bibbert es in mir: Hoffentlich passiert nichts!"

Und wann tauchte dieser Selbstanteil auf? „Wenn sich jemand mir gegenüber lautstark abweisend verhält nach dem Motto: ‚Entweder so oder ich gehe!'." Herr Hausmann brachte das mit seiner Mutter in Verbindung, die ständig mit Liebesentzug gedroht hatte, wenn er als Junge ihre Anweisungen nicht befolgte.

Und wie verhält sich dieser „weinerliche Angsthase" in brenzligen Auseinandersetzungen? „Wenn der hochkommt, lächle ich ständig und druckse verlegen rum, wiegle ab, damit ja nix passiert. Und dann kriege ich auch noch diese roten Flecken im Gesicht."

Auf die Frage, welches Selbstbild ihm da weiterhelfen würde, wusste er sogleich die Antwort: „Der ‚unabhängige Scout', der weiß, wo es langgeht und dem alle gerne folgen, weil's auch ihre Sache ist und sie was davon haben."

Dieser Selbstanteil, den Herr Hausmann in seiner Führung mit den anderen Oberbauleitern täglich wirksam werden ließ, machte tatsächlich einen Unterschied aus in seinem psychischen System.

Durch was? „Weitblick, Selbstvertrauen, Mut zum Risiko, Zuversicht, Neugierde auf Herausforderungen, innere Ruhe und eine Menge Erfahrung, die mir zeigt: Auch das wirst du meistern." Diesen Selbstanteil ließen wir durch weiteres intensives Befragen präsent werden.

Mit dem Selbstbild des „Scout" beobachtete, erklärte und bewertete Herr Hausmann das Verhalten seines Oberbauleiters Mörtel ganz anders als aus dem Selbstbild des „weinerlichen Angsthasen" heraus. Ihm wurde klar: Durch sein ängstliches Verhalten hatte Herr Hausmann die Erwartungshaltung und das Verhalten von Herrn Mörtel geradezu provoziert. Das wiederum steigerte Hausmanns Angst, wodurch er sich selbst „ohnmächtig" fühlte – und dies auch zeigte.

Der „Scout" erzählte jetzt sich und seinem Teamchef Hausmann über das, was „draußen" geschehen sollte, eine ganz andere Geschichte. Ohne in den Boxring steigen zu müssen, stellte sich Herr Hausmann die Herausforderung als Ringgeviert vor und sah seinen Konfliktpartner darin eindringlich vor sich: „Ich und Herr Mörtel, wir stehen uns gegenüber, Angst steigt zwar noch in mir auf, aber das beunruhigt mich nicht mehr, denn nun kommt mein ‚Scout' hoch, und ich atme ruhig durch, spüre Selbstvertrauen in dem, was ich bin und kann, ich blicke gelassen auf die Situation und sage zu Herrn Mörtel dann: ‚Entweder so, oder Sie gehen.' Und dann erst lächle ich, aber ganz anders als sonst."

> Wir mussten das nicht in Rollenspielen einüben. Herr Hausmann war allein durch seine Imagination mental fit genug, Herrn Mörtel mutig zu konfrontieren. Der Geschäftsführer bekam von einem Kollegen, der das miterlebt hatte, Feedback: „Wie lässig Sie Herrn Mörtel dabei angeblickt und gelächelt haben, der wusste sofort, sein Bluff, die Firma zu verlassen, das zieht einfach nicht mehr."

Der Fall ist exemplarisch dafür, wie der Mensch mit den ihm angemessenen Selbstbildern eigene und fremde Erwartungen zu steuern vermag, um sich selbst treu zu bleiben. Beantworten Sie für sich hierzu bitte folgende Fragen:

Fragen zum Selbstbild

1. Welches Selbstbild von mir will ich in welcher Situation zeigen?
2. Was genau (möglichst: spezifisch, messbar, bedeutsam, erreichbar, realistisch) will ich in der Situation mit diesem meinen Selbstbild erreichen?
3. Was sind meine hierzu erforderlichen persönlichen Stärken, um das Selbstbild lebendig werden zu lassen?
4. Wenn ich mir mein Selbstbild und meine persönlichen Stärken dazu eindringlich vorstelle, was erwarte ich da von mir in der Situation?
5. Wie fühlt sich das im Unterschied zum bisherigen (problematischen) Verhalten an?
6. Welche meiner bisher erlebten Erfahrungen und Erfolge machen mich zuversichtlich?
7. Wie rechne ich am besten mit meiner Angst (ab), wenn's brenzlig wird?
8. Welche (Boxer-)Metapher fordert mich für diese Situation am meisten heraus?
9. Mit welcher *Gebärde* des gewünschten Selbstbildes will ich aus dieser metaphorischen (Box-)Haltung heraus wirken?

Diese Selbstbild-Klärung ermöglicht schlagende Unterschiede in unserem Leben. Zögere nicht, warte nicht darauf, welches Gefühl sich einstellt, um dann erst handeln zu können. Sondern: Kreiere deine Haltung aus dem Selbstbild und seiner Gebärde – und handle gleich. „Mache die Gebärden!“, heißt es in John Steinbecks „Jenseits von Eden“, „tue, als ob es wahr sei, dann wird es vielleicht wahr. Mache die Gebärden. Spiele es.“ (Steinbeck 1998, S. 597). Unsere Erfahrungen bilden körperlich und emotional die Grundlagen für das sinnliche und sinnvolle Erleben unserer Metaphern: Was ich bisher in meinem Leben beispielsweise an Wagemut intensiv erlebt habe, verleiht meinem Bild (eines aufrechten, zielstrebigen, unbeirrbaren Blicks) seine wirksame Kraft. Und dieses sinnlich sinnvolle Erleben einer Metapher (etwa des Blicks) brauchen wir, um mit unseren Erfahrungen (beispielsweise Wagemut) konkret umgehen zu können. „Mache die Gebärden!“ – ein treffendes Bild für das, was wir uns vorgenommen haben in unserem Leben.

Aus dem Boxerlebnis entwickeln wir unsere passenden Metaphern – dynamisch, flexibel, stabil, heldenhaft, wagemutig, visionär, siegesgewiss, entschlossen, zielstrebig. Es sind diese „lebendigen Selbstbilder“, mit denen wir unsere Emotionen und Energien aus den eigenen ursprünglichen Erfahrungen in bevorstehende neue heikle Situationen transportieren. Dort überraschen wir das Leben und uns selbst – durch etwas anderes in uns selbst. Mit diesem unseren ureigenen Erlebnisschatz positionieren wir uns neu und bleiben uns dabei treu. Wir denken und handeln anders als mit unseren alltäglich routinierten Denkschablonen. Wir entwerfen Boxerhaltungen als Metaphern der Erdung, die uns mit unserem somatischen Selbst wieder in Kontakt bringen und dadurch ein flexibles, dynamisches und stimmiges Handeln fördern.

Die „Weisheit des Körpers“ weiß spontan, wo es langgeht.

10. Mutig Komfortzonen und Erwartungsfallen zerschlagen

„Aber was denken die anderen von uns, wenn wir plötzlich …“, wenden Klienten oft ein. Ja, stimmt, andere Menschen werden sich wundern. „Na und? Was ist daran so schlimm?“, frage ich dann oft ebenso einfach zurück und weise auf den „Backhome-Effekt“ hin, eine der größten Rückfall-Fallen, sobald wir etwas verändern wollen in unserem Leben. Sie kennen das bestimmt: Sie haben sich beispielsweise vorgenommen, in Ihrem Verhalten anderen Menschen gegenüber etwas zu verändern, haben es eingeübt und sind sich ganz sicher, es auch umsetzen zu können. Dann kehren Sie zurück in Ihr gewohntes System, in die Familie, in die Partnerschaft oder ins Büro und wollen es ausprobieren. Nur, dort ticken die Uhren weiterhin im alten Rhythmus. Und schon werden Sie konfrontiert mit den Tücken gewohnter Bilder und routinierter Erwartungen, die dafür sorgen, dass alles so bleibt, wie es war. Ihre Mitmenschen tragen unverändert ihre gewohnten Ansichten über Sie mit sich herum. Und wehe, da ändert sich etwas!

Schon Nietzsche schrieb einmal sinngemäß, was uns andere Menschen am meisten verübelten, das sei, wenn sie über uns umdenken müssten. Unsere Gefahr liege darin, die anderen in ihren gewohnten Erwartungen zufriedenstellen zu wollen. Um dieser Heimkehrfalle gewohnter Fremderwartungen zu entgehen, müssen wir uns ihrer bewusst werden und den Unmut derjenigen Menschen herausfordern, die nicht gewillt sind über uns umzudenken. Vor allem aber müssen wir es wagen, auf den gewohnten Zuspruch vorerst zu verzichten. Denn wir Menschen machen unseren Selbstwert allzuleicht vom wohlmeinenden Nicken anderer abhängig, das allzuoft nur versucht, uns gefügig und die Stimmung im Raum störungsfrei zu halten. Nur, wem wollen wir treu bleiben – uns oder anderen? Hier ist nicht nur unser Mut gefordert, andere Menschen über uns umdenken zu lassen, sondern ebenso der Mut zu unseren eigenen neuen Selbstbildern, vor denen wir uns nicht selten selbst fürchten. Unsere Loyalität zu Kollegen, Chefs, Lebenspartnern, Freunden ruft oft mehr Angst vor unseren Stärken als vor unseren Schwächen hervor.

Der Boxer wartet nicht auf das Lächeln des Gegners.

Was wir Menschen voneinander erwarten, ist immer auch eine Wirkung unserer jeweiligen selbst konstruierten Komfortzonen. Wir sind nun mal energiesparende Wesen, schicksalgeschlagen mit dem Fluch der Gewöhnung, durch die wir unsere psychisch-emotionale Energie an einen konstanten Level binden. Das tun wir deshalb, weil alles, was uns herausfordert und verändert, Energie in uns freisetzt. Ungebundene Energie aber beunruhigt und ängstigt uns allzu leicht. Und weil wir Unruhe und Angst vermeiden wollen, bilden wir die so genannten Komfortzonen in und um uns herum aus. Sie bieten uns Sicherheit, Wohlgefühl, Zufriedenheit, Ausgeglichenheit, Routine, Vertrauen, aber eben auch Langeweile, Trägheit, Stillstand. Wer sich nicht auch mal streckt, wächst nicht über sich hinaus. Die Pillen des Immergleichen schlucken viele Menschen allzu bereitwillig mit chronisch verspannten Gesichtern. Sie leiden lieber im Stau, als die Route zu verändern. Und da es den gegenwärtigen Blick in die Zukunft nur aus der Optik vergangener Erfahrungen gibt, löst alles, was darin nicht eingeschliffen und somit als unbekannt betrachtet wird, tendenziell Unruhe aus. Neuronal macht das Sinn, denn unbekannte Reize müssen neu verarbeitet werden und lösen im Gehirn hierfür regelrechte Nervenbahntumulte und ungewohnte Energiespannungen aus. Weil der Mensch aber ein energiesparendes Wesen ist, versucht er, sich vor Spannungen abzusichern durch gewohntes Verhalten, Denken und Fühlen: der Komfortzoneneffekt. Hierdurch bleiben unsere Energien möglichst störungsfrei gebunden in routinierten Bahnungen des Handelns und der Bilder von uns selbst und von anderen. Komfortzonen jedoch können trügerisch wirken. Je komfortabler wir uns abgesichert fühlen, umso gefährdeter sind wir. Eine notorische Hut vor Störungen programmiert die Störung vor. Deshalb gilt:

Wir vergrößern unsere Sicherheit, wenn wir unsere Komfortzonen sprengen.

Da unser Leben für eine gesunde Entwicklung die Balance zwischen Stabilität und Veränderung benötigt, liegt in jeder einseitigen Gewichtung immer auch eine Gefahr. Die Gefahr des Immergleichen lautet: Wir bemühen uns, dass alles so bleibt, wie es ist, weil uns die möglichen Schäden des Immergleichen nicht haben klug werden lassen. Der Preis des Leidens erscheint vielen Menschen niedriger als der Preis der Angst davor, etwas zu verändern. Und das beginnt schon damit, allein unsere eigene Sicht von uns selbst zu verändern.

Der Lebenskampf ist ein Kampf zwischen Bildern

Herr Hausmann sah sich gegenüber Herrn Mörtel als „weinerlichen Angsthasen" an, ein Selbstbild, das seit Kindheit gleichsam eingebrannt und immer wieder bestätigt worden war, sobald jemand ihm gegenüber „stärker" auftrat. Um Abhilfe zu schaffen und hierzu ein souveränes Auftreten, musste Herr Hausmann vor allem über sich selbst umdenken lernen. Selbstbilder bestimmen, wie wir uns verhalten. Nur so konnte Herr Hausmann andere Menschen dazu veranlassen, über ihn umzudenken. Und das kostet nun mal Energie. Die Veränderung überholter Selbstbilder setzt gebundene Energie frei und den Gefühlshaushalt in Aufruhr. Unser neuronales Angstsystem schlägt allzu leicht Alarm, wenn etwas aufzutauchen droht, dessen Wirkung wir nicht abzuschätzen wissen.

Nach dem Motto: „Wehe, du nimmst mich nicht so, wie ich's gewohnt bin, genommen zu werden", sind wir es selbst, die unsere Bilder von uns und anderen Menschen entwerfen und somit auch deren Erwartungen an uns mitgestalten. Doch die Erwartungen anderer sind die Erwartungen anderer – und nicht unsere. Und wir sind nicht auf der Welt, um die Erwartungen anderer zu erfüllen (es sei denn, mit selbst gewählten Verträgen haben wir uns freiwillig dazu verpflichtet).

Natürlich gehört Mut dazu, die (wie immer auch selbst mitkonstruierten) Vorurteile derjenigen Menschen, mit denen wir in einem Abhängigkeitsverhältnis stehen, zu korrigieren, sei es in privaten Beziehungen, in der Ehe, im Unternehmen. So wie der Mensch glaubt, gesehen zu werden, so verhält er sich oft auch. So werden wir erzogen. Das Bild, das sich andere (aufgrund unserer eigenen Selbstkonstruktionen und Beziehungsangebote an andere) von uns machen – und die uns damit sehr häufig „bestätigen" wollen –, verleitet uns zu Handlungen, die mehr diesem Bild als unserem Selbstverständnis entsprechen. Hieraus kann ein Fremddrill entstehen, der stresst. Ein Blick in den Metaphernring verschafft da Abhilfe:

Der Boxerblick sieht, was ist, und nicht, was erwartet wird.

Das hilfreiche Korrektiv aus dem BoxCoaching: Der Boxer überlegt und kalkuliert zwar, *was* der Gegner von ihm wahrnimmt, aber er richtet sich nicht nach den (ohnehin nicht einsehbaren) ihn bewertenden Bildern des anderen. Im Gegenteil. Der Boxer eruiert permanent die Wahrnehmung des Gegners, um ihm kein festes Ziel bieten, um ihm ausweichen – um ihm zuvorkommen zu können. Er nutzt die selektive Wahrnehmung, das Vorurteil seines Gegners also umgekehrt aus. Denn das Bild, das der Gegner sich vom ihm gemacht hat, grenzt die Wahrnehmung des Gegners ein und damit nicht einkalkulierte Aktionen tendenziell aus. Genau das lässt den Gegner unvorbereitet sein, und so verstört der Boxer den „Backhome-Effekt“ gewohnter Bewertungen seiner Umwelt.

Der Boxer zerschlägt die Suggestionen fremder Erwartungen und stellt die Autonomie des Menschen wieder her.

Die Boxermentalität denkt also anders herum: Der Mensch hat sich ein Bild von uns gemacht, das *ihn* einschränkt und konfus macht, wenn ich es „zerschlage“, indem ich anders handle.

Diese Boxermetapher der „Fremdbild-Verstörung“ wirkt auf viele Menschen verlockend und befreiend. Herr Hausmann konnte es kaum erwarten, Herrn Mörtels Fremdbild von ihm auszutricksen. „Verdammt, tut das gut!“, höre ich Klienten in den Coachings oft schwärmen, nachdem sie in die eigenen Erwartungsfallen gedroschen, die Komfortzone damit durchstoßen und endlich ins Freie geblickt haben. Befreiend auch deshalb, weil meistens nicht das eintrat, was befürchtet wurde. Lebenspartner, Freunde, Arbeitskollegen oder Vorgesetzte reagieren oft einsichtiger und toleranter, zumeist sogar mit Respekt auf unsere veränderten Haltungen ihnen gegenüber (siehe „Paradox der Autonomie“, Kapitel 8, S. 57). Unsere Befürchtungen sind eben nun mal *unsere* Befürchtungen.

Gefragt, wozu sie fremde Erwartungen über das effektiv erforderliche Maß hinaus erfüllen wollten, antworten die meisten Klienten, sie befürchteten, sonst die Anerkennung der betreffenden Menschen zu verlieren. Da legen, bildlich gesprochen, die inneren Kindanteile ihre Köpfchen in die Nacken, blicken ängstlich hinauf zu den verinnerlichten Elterninstanzen und wimmern um Liebe. Das aber verursacht auf Dauer chronische Nackenschmerzen für diejenigen reiferen Persönlichkeitsanteile, die aufrecht und gradlinig ihren Willen äußern wollen.

Erwartungsfallen sind zwar nicht zu beseitigen im Leben – Erwartungen sind menschlich (das Fallenstellen leider auch) –, aber wir können sie aufspüren und umgehen. So zeigt es sich immer wieder, dass Menschen, sobald sie ihr eigenes Mit-Spiel an den Erwartungshaltungen anderen Menschen reflektieren, allein dadurch bereits das eigene Verhalten verändern können.

Die Boxermetapher hierzu lautet:

Der Boxer misstraut den Fallen der eigenen Erwartungen.

Die nächste Stufe dieser Reflexion erfordert Mut: Menschen daraufhin ansprechen, was sie voneinander erwarten oder glauben, was der jeweils andere von einem selbst erwarten mag. Das setzt wichtige Dialoge mit „Partnern“ in Gang. Sobald ich die eigene wie die Erwartungshaltung des anderen an- und auszusprechen wage, verstöre ich damit Bilder, die wir uns bisher unausgesprochen voneinander gemacht haben. Da geraten mitunter auch die Vorurteil-Bilder des anderen wie auch meine eigenen ins Wanken. Und manches Bild wird da zur Makulatur. Das kann (und sollte auch mitunter) oft schmerzen, prägt sich dadurch aber ins autobiografische Gedächtnis dauerhaft ein. Und den Preis der Angst muss jeder zahlen, der sich und andere grundlegend verstören und verändern will. Entsagen Sie Ihrer eigenen Erwartungshaltung, mit dem wohlwollenden Nicken anderer Menschen Ihre Selbstakzeptanz stärken zu können. Eine solche Hoffnung funktioniert als unnötige Beruhigungspille, die zwar kurzfristig gegen Angst vor Zwist und Dissonanzen schützen mag, doch auf Dauer Ihre inneren Mutmacher und damit wichtige Gehirnmuskulaturen schlichtweg einschläfert. Weg damit! Treffen Sie hierzu eine wichtige Unterscheidung zwischen dem, was Ihnen zustößt, und dem, wie Sie das parieren, also zwischen äußerer Verstörung und innerer Entwicklung, denn …

11. Das Innere des Boxrings ist das Außen deiner Komfortzone

Sobald Sie Ihre komfortablen Gewohnheiten mutig und entschlossen überschritten und damit Lernerfolg erfahren haben, stoßen Sie in die so genannte Wachstumszone vor. Was der Boxer erlebt, ereignet sich hier.

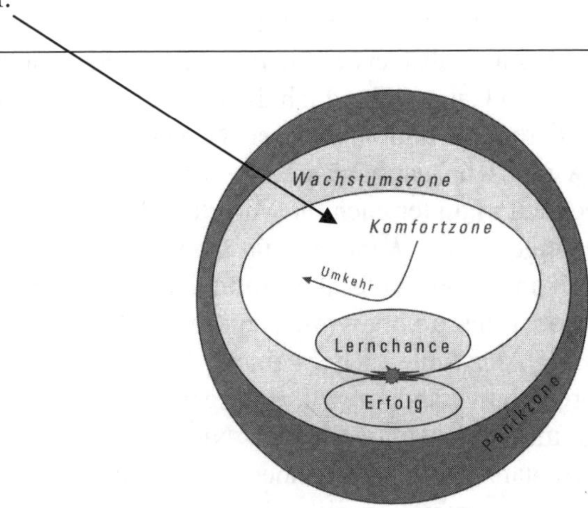

Quelle: Fuchs/Huber 2003, S. 52

Erinnern Sie sich vielleicht noch? Einmal angenommen, Sie sprangen, Augen zu und durch, zum ersten Mal in Ihrem Leben vom Drei-Meter-Brett, tauchten aus dem Wasser wieder auf und dachten danach womöglich ein klein wenig anders über sich und die Welt nach. Keine großen Selbstentwürfe oder Gedankensprünge, nein, nicht als Jeanne d'Arc oder Napoleon plötzlich, so auffällig gar nicht. Aber da gab es von nun an etwas, das Ihr Leben, wie unmerklich wirksam auch immer, positiv beeinflusst haben könnte. Und danach gingen Sie um diese eine Nuance anders auf Ihr Leben zu. Man hätte Ihnen vorher sagen können, „Du, geh anders aufs Leben zu!“, und Sie hätten womöglich genickt und sich das auch vorgenommen und wären doch weiter gegangen wie zuvor. Nur weil jemand anders Ihnen gesagt hätte, Sie sollten anders auf das Leben zugehen, wäre noch lange nichts passiert. Sie selbst sagten sich das ja öfters auch. Nur – nichts geschah, alles bleib beim Alten. Und dann dachten Sie darüber gar nicht mehr weiter nach, Sie waren noch jung, und Sie gingen wie gewohnt Ihres Weges, stiegen irgendwann das nasse Treppchen hoch, sprangen und …, zack!

Der Boxer agiert im Ring außerhalb seiner Komfortzonen.

Umwege verstören …

Unsere Psyche lässt sich von außen nicht direkt beeinflussen. Ihre Systemelemente wirken nach einer Dynamik, die aufgrund ihrer eigenen Gesetze sich nur selbst bestimmen kann. Die Umwelt wirkt da auf uns wie ein Trainer, der dem Boxer beim Kampf Tipps in den Ring reinruft. Ob der das hört, seinen Trainer versteht, dessen Tipps begreift, deren Sinn einsieht, deren Zweck sich zu Herzen nimmt und das alles dann auch noch umsetzt …

Die Rat- oder Schicksalsschläge des Lebens, seine Glücks- oder Scheidungsfälle können unsere Psyche allenfalls anstoßen, anders oder wie gewohnt weiter zu machen. Doch die Entscheidung, was davon beherzt umgesetzt werden wird, trifft allein das psychische System selbst. All diese Anstöße von außen verarbeitet („verrechnet“) die Psyche nach ihrer je eigenen Konsistenz („Währung“), also danach, welcher Einfluss ihr wie, warum, wodurch und wozu wert (oder unwert) ist, ihn wirksam werden zu lassen. In diesem Schlagabtausch der psychischen Strukturen mit dem Körper und ihren Beziehungen deutet, erklärt, entwirft, kreiert, verwirft und erzählt die Psyche allein aus ihren selbstbezüglichen Mustern heraus. Was die Psyche von diesen ihren Botschaften an die Welt zurückgibt, ereignet sich wieder über körperliche und soziale Prozesse.

… und die Psyche macht, was sie will

Ob also nun der Boxer weiterhin die Körperschläge des Gegners einsteckt, die dritte Risswunde im Gesicht kassiert und dem Punkt- und damit Geldverlust entgegentaumelt oder die Tipps des Trainers endlich beherzigt, hängt nicht von der Schlagkraft des Gegners oder der Wortgewalt des Trainers ab. Was hier letztendlich den Ausschlag gibt, bleibt selbst für das bewusste Denken des Boxers oft unberechenbar. Denn wodurch die Psyche des Boxers direkt beeinflusst werden kann, also seine (kommunikativen) Beziehungen zu seiner Umwelt (Gegner, Trainer, Publikum, Geliebte in der VIP-Loge, Ehefrau vorm Fernseher) sowie seine körperlichen Prozesse (Motorik, Schläge, Adrenalin, Angst, Freude, Wut), sagt nichts über die Wirkung dieser Einflüsse auf den Boxer (vor)aus. Auf diese Anstoßpakete reagiert die Psyche mal so, mal so …

Übertragen auf Ihre Faustregeln zur Selbstführung folgt daraus, dass Sie Ihre Psyche nur indirekt anstoßen (lassen) können. Die „Zugangswege zur Psyche laufen daher stets über die Intervention in eine der beiden Umwelten der Psyche, d. h. über die perturbierende (störende oder anregende) Veränderung der Randbedingungen psychischen Funktionierens“ (Simon 2001b, S. 122/123). Diese direkten Wege Ihrer Beziehungs- und Kommunikationsmuster sowie Ihrer körperlichen Verfassung zu Ihrer Psyche greift das BoxCoaching mit all seinen damit verbundenen Metaphern beherzt auf: an den Beziehungsmustern des Körpers.

Zwei Interventionsmöglichkeiten auf die Psyche

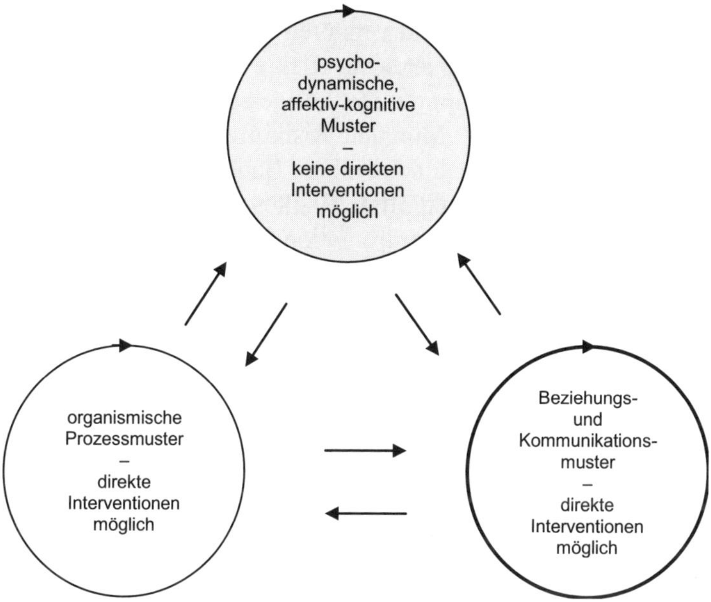

Quelle: Simon 2001b, S. 122

Willst du dich ändern, überrasch deine Psyche mit dem, was du wie tust oder sagst.

Nun, die Kontexte des Boxrings und des Alltags sind zwar mitnichten gleich und doch umso mehr vergleichbar, schauen wir auf die ihnen gemeinsamen Grenzerfahrungen von Schmerz und Lust, Verzweiflung und Zuversicht, Angst und Mut, Zaudern und Entschlossenheit, Niederlage und Sieg, Wut und Freude. Durch solche Erfahrungen entstehen wertvolle neue Selbstbilder, die unseren Blick aufs Leben (wie nach einem ersten Sprung vom Drei-Meter-Brett) erweitern. Wer vom Ring (oder aus dem Wasser) zurück ins Leben steigt, nimmt sich und seine neuen Erfahrungen mit. Die Körperprozesse des Boxens, ihre Dynamik und Flexibilität reißen förmlich die Systeme der Psyche und der Kommunikation in den Strom der selbstorganisierten Lösungsorientierung mit sich und verstören damit chronische Routinen der Selbstbeschränkung. Boxerische Affekte wirken dann wie Schleusen oder Pforten, die bestimmte Denkwege selbstorganisatorisch öffnen oder auch schließen. Mut und Risikofreude beispielsweise erschaffen neurophysiologisch neue innere Handlungsbilder für weitere mutige Bewegungen auf zukünftige Risikosituationen zu. Wir wagen die Nähe, den Kontakt, die Konfrontation und bewirken damit für das Denken neue Spuren im Gehirn, die wir brauchen, um uns zu verändern.

Lassen Sie sich nicht alles von sich selbst gefallen

Wut und Aggressivität wiederum, zugelassen und ausgelebt, lassen uns zum einen klare Grenzen setzen („Hören Sie, bis hierher und nicht weiter!") gegenüber Erlebnissen, die uns nicht passen. Andererseits wagen wir aber dadurch auch, unsere eigenen Grenzen zu überwinden („Jetzt langt's mir mit mir selbst!"). Diese doppelte Grenzbewegung – ich überschreite meine eigenen Grenzen und markiere meine Grenzen anderen Menschen gegenüber – ist unerlässlich für die Überwindung der eigenen Komfortzone. Das möchte ich mit dem erwähnten Fallbeispiel des Chefredakteurs erläutern. Er hatte mit der Arbeit am Inneren Team seinen wachsam-weisen Krieger durch Erinnerungsbilder an das Boxerlebnis situativ immer wieder wachrufen und dadurch seine Hemmungen überwinden können, indem er sich seine Jabs[4] aus dem Boxringerlebnis bildlich vorstellte.

4 Schlagtechnik „Jab": Der vom halb- zum ganz ausgestreckten Arm durchgeführte Schlag einer so genannten „Geraden", der mehrmals kurz hintereinander abgefeuert wird.

Komfortzonen-Jab

Wählen Sie eine Situation aus (beruflich/privat), in der Sie Ihre Komfortzone erweitern und sich selbst herausfordern möchten. (Frank Mompert wollte seine konfliktscheue Nachgiebigkeit überwinden und seinem neuen Stellvertreter sagen können, „wo's langgeht.")

1. Komfortzone
   - Stellen Sie sich Ihre Komfortzone als einen kraftvollen und stärkeorientierten Zustand vor. (Mompert spürte in sich seine Persönlichkeitsanteile des „Visionärs", „Machers" und des „wachsam-weisen Kriegers" neben denen des „Nachgiebigen" und „Konfliktscheuen.")
   - Nehmen Sie diese Persönlichkeitsanteile bewusst wahr. (Mompert horchte in sich hinein und empfand die Strebungen seiner Persönlichkeitsanteile als wertvolle und gleichberechtigte Impulsträger, die jeder für sich einen guten Zweck verfolgen.)
   - Wägen Sie ab, welche Persönlichkeitsanteile Ihnen zum Durchbruch Ihrer Komfortzonengrenze und zum Ziel in Ihrer Situation verhelfen. (Der „Visionär" behielt das Bild des beruflichen Erfolgs vor Augen und riet, was zu tun sei; der „wachsam-weise Krieger" bürgte für Selbstvertrauen, Stärke, Wagemut und Kampfgeist.)
   - Wählen Sie als ein Mutmacher-Motto eines Ihrer Durchbruch-Garanten, das Ihnen den Schritt über die Komfortzonengrenze erleichtert. („Besinn dich auf deine Stärken und leg los!" rief der „wachsam-weise Krieger" dem Klienten als Motto für die Selbstführung zu.)
   - Nehmen Sie diejenige Körperhaltung ein, die den Stärken Ihrer inneren Durchbruch-Garanten entspricht. (Bei Mompert waren das ein gestreckter Rücken, ein tiefer ruhiger Atem, ein leicht zur Brust hin gesenktes Kinn und ein fester durchdringender Blick.)

2. Re-Flexion
   - Betrachten Sie sich kurz aus einer neutralen Beobachterposition. (Mompert positionierte sich für diesen Blickfang bevorzugt metaphorisch in „seine Boxringecke" kurz vor dem Kampf und beobachtete sich dort, wie ein Trainer seinen Champion prüfen würde.)
   - Was sehen Sie da? Steht (sitzt, geht, handelt) dort jemand, der entschlossen sein Ziel erreichen will? Entspricht Ihre Haltung Ihrem Wollen? Wirken Sie zuversichtlich? (Mompert justierte hierbei seine „Durchbruch-Haltung" von Rücken-Kinn-Blick immer wieder mal nach.)
   - Was fällt Ihnen noch auf? Was fehlt Ihnen womöglich noch?
   - Atmen Sie tief und ruhig ein und aus und …
3. Jab-Zone
   - … los geht's! Beleben Sie mit Ihrem Atem und Ihrer Körperhaltung die Willenskräfte Ihrer starken Persönlichkeitsanteile. (Mompert stärkte hierbei insbesondere die Ressourcen seiner inneren Figur des „wachsam-weisen Kriegers".)
   - Durchstoßen Sie aus der beatmeten Haltung Ihrer ausgewählten starken Persönlichkeitsanteile heraus Ihre gewohnte Komfortzonengrenze und handeln Sie: „Schlag den Jab!" (Hierbei dachte Mompert einfach nicht mehr nach, sondern tat, was zu tun war nach dem Schlagmaß seines „wachsam-weisen Kriegers: „Herr Stellvertreter, da geht's lang!")
   - Halten Sie die Spannkraft und den Mut Ihrer Durchbruch-Haltung aufrecht: „Schlag den Jab zwei-, dreimal!" (Mompert kannte seine Rückfallgefahr hinter die gewohnte Komfortzonengrenze zurück, blieb dabei gefasst auf den Widerstand seines Stellvertreters und verstärkte wertschätzend-konfrontativ, was er von ihm wollte.)

- Genießen Sie mit allen Ihren Sinnen das Wagnis Ihrer Jab-Zone und deren Auswirkung auf Ihre Umwelt. (Mompert achtete sich als Sieger über sich selbst, genoss die befreiende Kraft seines „wachsam-weisen Kriegers“ und begrüßte vor allem die respektvolle Reaktion seines Stellvertreters als Preis für seinen Wagemut.)

Hin und wieder rief der Chefredakteur mich an und erzählte stolz, welche mentalen Blessuren er gewagt hatte, doch selten hatte einstecken müssen. Seine kämpferische *Haltung* sich selbst gegenüber stärkte seine Selbstachtung und damit sein Verhalten in solchen Situationen mit Menschen, in denen er seine Selbstachtung bisher aufs Spiel gesetzt hatte. Gleichwohl, wer kämpft, hat's nicht immer leicht. So war es auch Herrn Mompert nicht jedes Mal einfach, den Schritt über die Komfortzone hinaus in die Wachstumszone zu wagen und dieses hinzugewonnene Stück „Neuland“ zu verteidigen. Er blieb jedoch beharrlich dran. „Ihm ist die neurowissenschaftlich gut fundierte Faustregel ‚use it or lose it' in Fleisch und Blut übergegangen“, lesen wir beim Gehirnforscher Klaus Grawe (2004, S. 31) nach. Hiernach erweitert der Mensch sein gewohntes Verhalten, indem er brachliegende Neuronen als Stärkeanlagen aktiviert und sich damit über sich selbst erhebt.

Wer boxt, nutzt selbst gewählte Chancen hinter dem Limit und schläft nicht ein.

Mit der Metapher „Das Innere des Boxrings ist das Außen Ihrer Komfortzone“ haben Sie das Ausnahmeerlebnis Ihres boxerischen Umgangs mit sich selbst und anderen Menschen zum „Neuland Ihrer Eroberungen“ erkoren. Dieses Neuland als das Außen unserer Komfortzone liegt in uns selbst. Und wir nehmen uns bei jedem noch so kleinen Eroberungsschritt über die Grenze unserer selbst jedes Mal mit. Die drei Schrittfolgen des „Komfortzonen-Jabs“ kombinieren hierzu die Elastizität unserer Reflexion mit der Spannkraft unseres

Körpers zu einem äußerst wirksamen Unterschiedsmacher. So baut der Mensch sein Brachland der Neuronen wieder auf, nutzt das, was ihn ausmacht, und schwingt sich mit dem Unterschied zwischen dem Psychischen und Körperlichen über sich selbst hinaus. Nutzt und wagt er es aber nicht, verlieren seine Anlagen an Wert.

Damit bestätigt sich wieder die neurophysiologische Tatsache, dass unser Fühl-, Denk- und Verhaltensprogramm ursprünglich aus konkreten Aktionen erfolgt (Ciompi 1998, S. 81). Unser Tun und Handeln bestimmen die Ausgangspunkte unseres Denkens neu und liefern uns vor allem die Bild- und damit Handlungsimpulse, die wir benötigen, um die Grenzen unserer Komfortzonen zu erweitern. Daraus folgt …

12. … challenge for change[5]

„Das bedeutet generell, dass Einsicht allein nicht zu einer Verhaltensänderung führt und dass man sich über Einsicht nicht selbst therapieren kann“ (Roth 2004, S. 40). Wollen Sie sich verändern, fordern Sie sich selbst heraus oder suchen Sie Partner, Kollegen, Freunde oder auch Gegner, die es für Sie um Ihrer selbst willen konstruktiv tun. Unsere tiefsten Erfahrungen im Leben sind körperlich-affektiv geprägt und steuern als sozial-emotionale Dimension maßgeblich unser Handeln. Wir brauchen, wollen wir uns ändern, den „emotionalen Aufruhr, (der) Veränderungen subkortikaler limbischer Zentren bewirken“ (ebd.) kann. Denn was wir denken und fühlen und wie wir handeln, ist zumeist schon stimuliert und vorgeprägt durch vergangene Erlebnisse und unsere emotionalen (limbischen) Bewertungen unseres somatischen Selbst. Hier steckt die Kraft zum Impuls für den Wandel. Von diesen energiereichen Veränderungszentren müssen wir unsere Jabs in uns losfeuern.

Doch achten wir im Alltag gewöhnlich das, was uns emotional steuert? Nein, und damit gelangt diese Energie viel zu selten zur Sprache. Nur: „Denken ohne Fühlen ist irrational“ (Simon 1984, S. 79). Wir glauben zwar, uns unserer selbst bewusst und dabei mächtig zu sein, und schippern doch nur, bildlich gewagt, im Nachen der Gedanken auf unseren Emotionswogen herum.

Eine der Hauptwurzeln menschlicher Entwicklung ist die Angst. Spätestens seit Freud ist die Angst in ihrer Unbestimmtheit (gegenüber der Furcht vor etwas) als „Angst vor dem Nichts“ (Tod, Trennung, Verlust) bekannt. Dieses Grundgefühl menschlichen Lebens spielt gerade in seinen ungerichteten Schüben eine so große Rolle, weil Angstgefühle oft die Gründe für Vermeidungsverhalten, Kurzschluss-

---

5 … sich herausfordern, um sich zu ändern.

handlungen, Tunneldenken, Fehlentscheidungen, Überreaktionen, Zwangshandlungen oder auch Handlungsarmut oder Depression sein können. Und wer spricht schon gerne über seine Angst und gibt sie vor Freunden oder Lebenspartnern, geschweige denn vor Arbeitskollegen, Vorgesetzten oder Mitarbeitern offen zu? Aber gerade diese Verschlossenheit, der persönliche Zwang zur angstfreien Fassade potenziert die Angst, und das Denken wird irrational und macht Fehler. Das Boxen und seine Metaphern lehren uns, sich der Angst zu stellen und mit ihr zu kämpfen – *mit ihr, nicht gegen sie.*

**Berühre den Handschuh, bevor er dich trifft.
Das nimmt dir die Angst.**

Angst hemmt, Furcht spornt an. Denn der Angst, einer der ältesten Evolutionsfaktoren, können wir konstruktiv begegnen. „Wo die Angst ist, da geht es lang!“, lautet eine bekannte Weisheit der Psychologie. Also: Haben Sie keine Angst vor der Angst! Machen Sie konstruktiv etwas mit dem Impuls, sonst macht dieses Gefühl etwas mit Ihnen.

Und was? Es löst sonst in uns eine Art „Angst-Logik“ für unser Verhalten aus, die lautet: vermeiden, verdrängen, schützen, wehren, abhauen, nichts wie weg! Hier wird ein Schutz- und Vermeidungsverhalten aktiviert, das von unserer Angst auslöst wird in Richtung „weg von etwas“. Diesen neuronal gesteuerten Ausweichtendenzen können wir konstruktiv begegnen mit (möglichst selbst gesetzten) Zielen, die uns „hin zu etwas“ motivieren. Eine wegweisende Technik hierzu liefert wieder die Gehirnforschung.

„Mutig ran“ vs. „ängstlich weg“

Nach jüngsten Untersuchungen der Gehirnforschung sind wir imstande, willentlich ein Proportionsverhältnis zu verändern zwischen unseren Tendenzen von Angst und Zuversicht, meiden und herangehen, defensiv und offensiv etc. Das funktioniert deshalb, weil diese gegensätzlichen Neigungen von unterschiedlichen Gehirnarealen aus gesteuert werden. Dadurch wird es z. B. möglich, mit zuversichtlich motivierten Gedanken unsere vermeidende Angst zu beeinflussen. Die „Vermeidungstendenz" der Angst wird ausgelöst durch das Gehirnareal der Amygdala. Dem können wir entgegenwirken durch so genannte „Annäherungstendenzen" unserer gedanklichen Zielvorstellungen, die unser Gehirn im Bereich des Neokortexes produziert. Haben Sie Angst, denken Sie voraus! Jeder hat das schon erlebt: Wenn uns die Angst (oft ohne unser bewusstes Zutun) „packt", als seien wir unserer selbst nicht ganz mächtig, hilft die Macht des Denkens und Handelns auf ein Ziel hin, aus dem Angst-Clinch rauszukommen.

Hast du vom Leiden genug, geh ran und handle!

Worauf wir bewusst unsere Aufmerksamkeit richten, dahin fließt bekanntlich unsere Energie. Und das können wir steuern. Unsere bewussten Zielvorstellungen aktivieren und stärken unser Handeln gegenüber unseren Angstimpulsen. Der Neuropsychologe Klaus Grawe nennt das die „Abschwächung von Vermeidungszielen" durch „positive Verstärkungen von Annäherungsverhalten" (Grawe 2004, S. 286 – 292).

Dieser Mechanismus wurzelt von Geburt an in unserem Gehirn. Weint ein Kind und will etwas nicht tun und damit vermeiden, zum Beispiel seine Hausaufgaben machen, gibt es einen Trick, der die Energie des Kindes neuronal neu fokussiert: lenken Sie die Aufmerksamkeit des Kindes auf etwas, dem es sich annähern will, etwa auf das belohnende „Eis danach" oder, fortgeschrittener, auf die zukünftige Freude über den Stolz, nach dem Lernen eine gute Note geschrieben zu haben.

**Annäherung vs. Vermeidung –
zwei Arten der Bedürfnisbefriedigung**

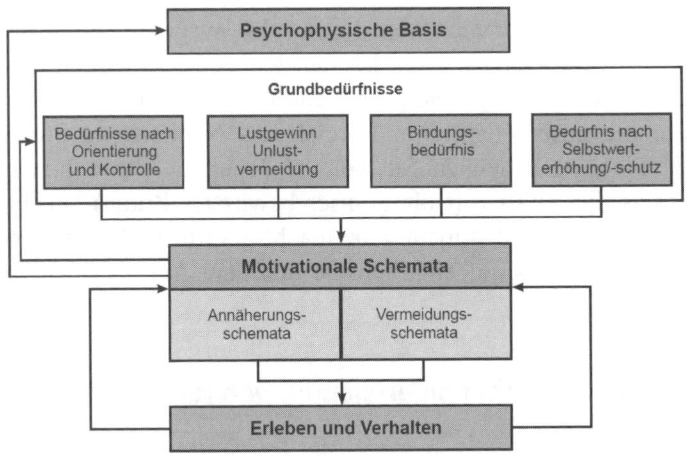

Quelle: nach Grawe 2004, S. 189

Wie ein Mensch mit seiner Angst umgeht, also zielorientierte Annäherungen wagt und problemfixierte Vermeidungen mindert, gibt Aufschlüsse über seinen Charakter, über sein Selbstbild in Konfrontation mit inneren oder äußeren Gefahren und über seinen Willen, angstüberwindende Ziele zu setzen – das gilt für das Boxen und den Lebensalltag gleichermaßen.

Ich wiederhole: Wo die Angst ist, da geht es lang. Nur: Angst vor was genau? Hier ist der Mensch gefordert, zwischen seinen emotional bewerteten und gedeuteten Wahrnehmungen seiner Außen- und Innenwelt und dem zu unterscheiden, was „draußen" faktisch passiert. Die Angst ist ein emotionaler Schub und kann selbst nicht denken. Dieser Schub durchströmt gleichsam unsere Gehirnareale und damit eben auch die Regionen der Gedanken (Neokortex). Daraus resultieren häufig unsere Verwechselungen von Angstauslöser und Angstursache, was zu angstsuggestiven Missverständnisse führt. Angst kann durch vielerlei ausgelöst werden, hat aber mit dem Auslöser ursächlich meist nichts zu tun. Unsere Gedanken aber, durchflutet von Angstimpulsen, deuten den Auslöser reflexartig zur Ursache um.

Wahrnehmen vs. deuten

Beispielsweise: Ein Bereichsleiter hält vor den Vertretern der obersten Führungsebenen einen Vortrags, von dem seine Karriere abhängen könnte, und sieht in der ersten Zuhörerreihe, wie sein Bereichsvorstand ihn entsetzt anschaut. Dieser Vorstandsblick löst jetzt möglicherweise Angst beim Bereichsleiter aus, verursacht sie aber nicht. Die mögliche Ursache der Angst ist meist ganz woanders zu vermuten. Oftmals liefern Selbstwertmängel, Abhängigkeitstendenzen, Misstrauensimpulse oder Beziehungsunsicherheiten die emotionalen Grundlagen möglicher Angstzustände. Der Bereichsleiter aber denkt möglicherweise, der Vorstand habe etwas gegen seinen Vortrag, gegen ihn als Person, gegen seine Karriere – ja womöglich gegen seine Existenz einzuwenden. Und der unvermutete Blick wird zur Ursache der Angst fehlgedeutet. Eine Boxerweisheit hierzu lautet:

Mach deinen Blick von Gedanken leer, wenn du voll Angst bist, und schlag mit der puren Energie der Angst zu!

Das bedeutet für den Alltag, zwischen der Wahrnehmung und den rationalen Erklärungen und emotionalen Bewertungen zu unterscheiden lernen. Nehmen Sie einfach nur wahr, was ist, ohne zu erklären und zu bewerten, was wie warum sein könnte. Trennen Sie hierzu die **W**ahrnehmung von deren **E**rklärung und die wiederum von deren **B**ewertung.

Die Erklärung der Wahrnehmung bewerten

1. **W**ahrnehmung: Was nehme ich konkret wahr in einer scheinbar beängstigenden oder problematischen Situation außerhalb oder auch in mir? Also: Was kann ich wie mit einem Videocheck beschreiben? (Beispielsweise: „Der Vorstand verzieht sein Gesicht" statt wertend „Der Vorstand schaut mich entsetzt und böse an.")
2. **E**rklärung: Wie erkläre ich mir meine subjektive Wahrnehmung? Also: Welche Ursachen, Schlussfolgerungen und Konsequenzen projiziere ich auf das, was ich da in oder außerhalb von mir beschreiben kann? (Beispielsweise: „Möglicherweise hat der Vorstand soeben an etwas Unangenehmes gedacht" oder „Ihm ist mit dem, was ich hier vortrage, soeben klar geworden, was er bisher alles falsch gemacht hat" statt abwertend „Der Vorstand lehnt meine vorgetragenen Gedanken ab und ist von jetzt ab mir gegenüber voreingenommen.")
3. **B**ewertung: Wie bewerte ich diese meine subjektive Erklärung meiner Wahrnehmung? Also: Wie reagiere ich emotional auf meine gedanklichen Schlussfolgerungen und angeblichen Konsequenzen? (Beispielsweise: „Ich fühle mich bestätigt und spüre Stolz und Selbstvertrauen" statt katastrophisierend: „Total schlimm, der Vorstand lehnt mich ab, ich bin enttäuscht und spüre Angst und fühle mich verunsichert.")

Wer boxt, denkt zielorientiert und deutet nicht daneben.

Die Hirnforschung beweist uns tagtäglich: Wir stecken alle in unseren persönlichen WEBs. Bereits mit den Erklärungen unserer Wahrnehmung sind wir im Bereich der Fiktion. Und welche Schreckensszenarien kann unsere Angst, obwohl sie als Grundaffekt unbestimmt ist, durch unsere gedanklichen Reaktionen darauf uns lediglich vorspiegeln lassen. Wir inszenieren dann unsere eigenen Angstfilme mit unseren Geschichten und projizieren sie auf die Leinwandflächen unserer Umwelt, auf die Gesichter unserer Mitmenschen, auf die ungewiss wirkenden Lücken im Alltag. Was beispielsweise der Bereichsleiter wahrgenommen, sich daraufhin erklärt und wie er das wiederum bewertet hat, sagt weitaus weniger über den Vorstand in der ersten Zuhörerreihe aus als über den Bereichsleiter selbst. Doch das alltägliche Bewusstsein suggeriert etwas anderes: Der Gefühlsauslöser wird zur Gefühlsursache fiktionalisiert.

Schön und gut, werden Sie denken, aber wie gehen wir nun mit unserer eigenen Angstmacherei um? Die Haltung des Boxers macht es vor: „Ja" sagen zu allem, was antreibt – auch und vor allem zur Angst. Einen fundamentalen Impuls, die Wirklichkeitskonstruktion unserer Ängste zu verändern, liefert die Angst selbst. Dazu gibt es ein schlagendes Bild: Im Auge des Tornados herrscht Stille. Für die Selbstführung heißt das: Aktivieren Sie Angst und Stress, nehmen Sie diese Gefühle gelassen und zuversichtlich an und üben Sie sich darin, Ihre Wahrnehmung neu und für Sie stimmiger zu betrachten. Das führt zu neuem Denken und Handeln. Um die stoische Weisheit „Nicht die Dinge sind schlecht, sondern unsere Ansicht der Dinge" zu variieren, so ist nicht unsere Angst ineffektiv, sondern unser Umgang mit der Angst. Leichter gesagt als getan. Und doch ist und bleibt der Weg *mit* der Angst ein Weg *aus* der Angst. Und nicht nur das. Erst die starken Gefühle liefern uns den Stoff, unsere Ansichten und Einstellungen zu verändern.

Hierzu möchte ich einen Wirkkomplex der Angst erläutern, der uns oft daran hindert, dieses Gefühl als „Partnerin" unserer Veränderungen anzunehmen: die Angstwirkung Stress.

13. Doppelschlag gen Hyperstress

Gäbe es keine Angst, gäbe es auch keinen Stress, der seine Energie aus Angstimpulsen abzapft. Ein Beispiel: Vier Ordner dringender Projektarbeit liegen vor mir auf dem Schreibtisch, wofür mir nur zwei Stunden Zeit zur Bearbeitung bleiben. Diese Berechnung kann durchaus meine psychische Belastung noch antreiben, also positiv für die Bewältigung der Situation auf mich wirken. Plötzlich klingelt dann das Telefon, und ein wichtiger Kunde erinnert mich an eine ganz andere Aufgabe, die er sofort erledigt haben möchte. Jetzt kann es passieren, dass meine Angst, zu versagen, in die so genannte Stressreaktion umkippt: Ich kann die vor mir liegende Arbeit mit den mir verfügbaren Fähigkeiten und Mitteln bis zum vorgegebenen Zeitpunkt nicht bewältigen.

Eine solche Stressreaktion ereignet sich neuronal in drei Schritten:

3er-Schritt der Stressreaktion

1. Stimulus: Ich nehme etwas wahr, mit dem ich konfrontiert bin (Beispiel: „4 Ordner“ und „nur 2 Stunden Zeit“ und „wichtiger Kunde verlangt gleichzeitig ein Konzept“)
2. Bewertung und Verarbeitung: Ich beurteile die geforderte Situation aufgrund meiner bisherigen Erfahrungen mit solchen Situationen und meiner aktuellen Einschätzung, die neue Anforderung ähnlich bewältigen zu können oder nicht (Beispiel: „Bisher habe ich nur drei Projekte in zwei Stunden bearbeiten können; ein viertes Projekt könnte ich in der Zeit grad noch schaffen. Aber die unerwartete Kundennachfrage erfordert mindestens noch einmal eine Stunde, die mir nicht zur Verfügung steht.“)

3. Schlussfolgerung: Ich schätze die Situation aufgrund meiner Beurteilung neu ein und bewerte sie (Beispiel: „Die Anforderung kann ich so nicht schaffen, und das empfinde ich als unannehmbar, furchtbar, unzumutbar, und je schlimmer ich das empfinde, umso weniger komme ich den Anforderungen nach …").

Typisch Mensch: Wir schleusen uns mit der gedanklichen Einschätzung, die wir emotional bewerten, in unseren Angsttunnel rein. Diese Stressaufschaukelung resultiert aus einer Art rasenden Pingpongspiels zwischen dem kognitiven und dem emotionalen Gehirnsystem. Was da alles an Substanzen, Hormonen und Transmittern zwischen Neokortex und Amygdala und den Hirnanhangdrüsen und den Nebennieren ausgeschüttet und hin und hergeschleudert wird, kann unser Denken panikartig überschwemmen (Hüther 2005, S. 29 ff.).

Stress: Ein Rechenfehler

Wichtig ist: Wie gehen wir damit um? Wie kommen wir aus dem Angsttunnel wieder heraus? Die Lösung scheint einfach: Weil der emotionale vom kognitiven Gehirnteil getrennt ist und davon unabhängig Angst auslösen kann aufgrund von Wahrnehmungsreizen (Aktenordner/Zeit/Kundenanruf), muss das Denken lernen, mit der Angst *und* mit den Wahrnehmungsreizen cool umzugehen (Schiepek 2004, S. 161). Im Stress flieht der Mensch vor seiner Angst. Hier heißt es: Halt machen, innehalten, durchatmen, sich der Angst zuwenden und diesem Gefühl gedanklich akzeptierend begegnen. Wer seine Angst akzeptiert, verändert sie.

Weil wir im Stress versuchen, unsere Angst zu vermeiden, macht es tatsächlich einen Unterschied aus, wenn wir uns stattdessen gedanklich der Angst annähern. Gut, dass wir in unserem Gehirn systemisch getrennt sind. Also: Nicht die Aktenordner und die knappe Zeit und der plötzliche Kundenanruf sind's mal wieder, von denen ich annehme, sie machten mich kopflos. Ich rechne mir vielmehr meine Chancen falsch aus, so dass sie nicht passen. Im Stress verrechne ich mich!

Wer boxt, rechnet mit Sieg, nicht mit Stress.

Hier liefert das Boxen eine chancenreiche Metapher: Der erste Schlag (der Führungshand) bereitet den zweiten (der Schlaghand) als Treffer vor.

Anti-Stress-Schlagfolge

Bezogen auf den 3er-Schritt der Stressproduktion meint das:

- Egal was da kommen mag (1. Schritt des Stimulus von außen, von uns kaum zu beeinflussen),
- meine innere Haltung und Einstellung (2. Schritt der Stressbewertung: Hier folgt der erste Schlag, der vorbereitet, Distanz zum Stimulus schafft und neu berechnet)
- sind eingestellt auf Sieg (3. Schritt der Schlussfolgerung: Hier folgt der zweite Schlag, der lösungsorientiert trifft) – egal, was kommt!

Diese Haltung alltäglichen Herausforderungen gegenüber hilft, im 2. Stressschritt passend auf das zu reagieren, was als Stimulus ansteht. Einer vermeintlichen Chancenlosigkeit in Stresssituationen (unpassend berechnet im 2. Schritt) können Sie durchaus mit einer kämpferischen Haltung gewinnend begegnen (im 2. Schritt passend berechnet für den 3. Schritt zum Sieg), auch wenn Sie mit dem Boxsport nicht viel zu tun haben. Das mag wieder einfach klingen, als könnten unsere Boxmetaphern, behände durch die Ringseile mancher Lebenskämpfe herbei gesprungen, schlagfertig unsere Siege sichern. Doch genau das leisten diese Anleitungen, weil sie sich nach jahrelanger Praxis vor allem in Stresssituationen erfolgreich bewährt haben – vorausgesetzt, auch Sie leisten damit konsequentes Training. Dabei soll der Stress in keinem Fall verschwinden, nein, er treibt mich ja an, entschlossen zu handeln, um zu gewinnen. Hier wirkt der zumeist angenehme Treiberstress, genannt Eustress und unterschieden vom seinem Konterpart, dem Panikmacher Dysstress.

Wie ich also Situationen (Stimulus) sekundenschnell bewerte (2. Stressschritt), entscheidet, ob mich Hyperstress lähmt oder Eustress mobilisiert (3. Stressschritt), die Anforderungen anzupacken. Wir können unsere Emotionen aufgrund des Gehirnaufbaus nicht verhindern, aber wir können lernen, mit ihnen anders umzugehen, eine andere Haltung zum Leben anzunehmen und dadurch unsere Emotionen zu beeinflussen.

Cool wahrnehmen und durchatmen

Die coole Haltung vom Doppelschlag (passend vorbereiten und lösungsorientiert treffen) erfordert Geistesgegenwärtigkeit vom Menschen. Wenn Sie Ihre Stressreaktionen prüfen, werden Sie feststellen, dass meist die Geistesgegenwärtigkeit eines bewussten inneren Abstandes zur Situationsanforderung und – vor allem – zu Ihnen selbst gefehlt hat. Geistesgegenwärtig meint, sich seiner selbst voll bewusst zu sein in dem, was wir augenblicklich denken, fühlen und tun. Der Kundenanruf mag mich unvorbereitet „treffen“ (ich kann den nächsten Augenblick nicht sicher vorhersehen), doch kann ich aufmerksam auf meine eigene Wahrnehmung reagieren (ich kann mich im Augenblick bewusst entscheiden) und wählen, ob ich mir selbst Chancen ausrechne oder nicht. Hierzu lautet die Boxermetapher: Der Mensch will siegen können – in jedem Augenblick. Zumindest will er die Wahl haben können, zu siegen. Dieser situativ bereite Wille zum selbst entschiedenen Sieg (ich lasse mich zum Siegen nicht zwingen) strafft die Haltung des Menschen, und zwar weniger irgendwelchen Aktenordnern und plötzlichen Telefonanrufen, sondern sich selbst und seinen Wahrnehmungen, Erklärungen und Bewertungen gegenüber. Mit dieser inneren Haltung meistert der Mensch seine Ängste.

Probieren Sie es mal aus in Situationen, in denen Sie in Stress geraten (sind):

Anti-Stress-Haltung

1. Im Clinch des Stresses halten Sie inne, es reichen da oft wenige Sekunden, und atmen zwei Mal tief ein und aus. Bewusstes Atmen ist *das* Heilmittel gegen Hyperventilation und Dysstress.
2. Konzentrieren Sie sich voll und ganz nur auf Ihre Wahrnehmung (Stimulus), also auf das, was faktisch tatsächlich vorliegt. Dieses pure Sehen und Hören ist *das* Heilmittel gegen problematische Erklärungen und Bewertungen.
3. Stellen Sie sich visuell die Metapher vom Doppelschlag vor, nehmen hierzu innerlich Haltung an und …
4. … trennen Sie mit dem ersten Schlag den Stress-Clinch auf zwischen Ihrer Wahrnehmung und Ihren ungünstigen Erklärungs- und Bewertungsmustern, mit denen Sie sich bisher keinerlei Chance ausgerechnet haben (im 2. Schritt der Stressproduktion). Mit diesem Vorbereitungsschlag (bitte nicht vergessen, weiter zu atmen) rechnen Sie chancenreich neu um und …
5. … lassen Sie blitzschnell Ihre Schlaghand als ressourcenreiche Chance den 2. Schlag Ihres Siegeswillens ins Geschehen krachen (im 3. Schritt und Fazit zur Stressbewältigung).

Diese Technik hilft nachweislich durch Deeskalation. Mit dem Bild vom Doppelschlag führen Sie einen mentalen Unterschied ein in den sich aufschaukelnden Stress-Clinch von Ihrer Wahrnehmung und Ihren kaum chancenreichen Selbstbeurteilungen. Mit diesem Unterschiedsmacher installieren Sie faktisch neue Verzweigungen in Ihren neuronalen Netzwerken (Ciompi 1999, S. 127). Sie kennen das vielleicht von Kindern, die beispielsweise unter Zankstress panisch weinen. Da hilft es kaum, wenn Sie auf das Weinen eingehen, sondern

Sie müssen das Kind ablenken durch ein ganz anderes Mittel: „Du, schau mal, dort, siehst du da drüben die Fee auf dem Baum, die lächelt dir zu und will dir was Gutes.“ Und schon entspannt sich das Kind und sieht neue Chancen.

14. Die Angst – Partnerin des Wandels

Für das Selbstcoaching (also nicht nur beim BoxCoaching) lautet die Formel hiernach: Aktivieren Sie den Eustress. Rechnen Sie sich geistesgegenwärtig Chancen aus und wagen Sie Dinge, die ohne ihn liegen blieben. Eustress köchelt und erhitzt, Dysstress kocht und verbrennt. Erinnert sei hier an den Fall mit Frau Bloßweg (Kapitel 8). Sie hatte ihre Angst durch das Wagnis des körperlichen Angriffs herausgefordert und dadurch angstfreier sehen, fühlen und denken gelernt. Sie nahm ihre Angst als Partnerin an und wurde mutig.

Dieser Gefühlskniff zur persönlichen Veränderung ist längst schon von Gehirnforschern bestätigt worden. Was hiernach den Wandel im Denken und Fühlen auslöst, ist der aktivierte Unterschied zwischen diesen zwei Gehirnsystemen der Gedanken und der Emotionen. Weder das Denken noch das Fühlen allein bewegen die Welt. Es ist die „Reibung" zwischen Gedanke und Gefühl, ein Art „Schlagabtausch" ihrer neuronalen Systeme, was die Hitze zum Wandel erzeugt.

Für die Praxis heißt das: Fordere den Eustress, die Angst, das starke Gefühl heraus, wage den Clinch von Affekt und Gedanke und bleib cool im Aushalten des Unterschiedes. Die selbstsichere Haltung des Menschen im Augenblick der Herausforderung gewährleistet den Aufbruch alter Denk- und Gefühlsmuster. Steigt zwischen den Gehirnzentren der Gedanken und der Gefühle (zwischen assoziativem Kortex und limbischem System) ein Stresspegel, der Gefühls- und Denkmuster verändern könnte, so sollte dabei unsere Selbstführung nicht gefährdet werden. Das ist entscheidend. Denn sobald der Mensch, mit dem Rücken an die Seile des Lebens gedrängt, panisch wird, klammert er sich automatisch an altbewährte Stereotypen, schlägt blind auf Gegner zu, verharrt angsterstarrt in der Ringecke eines Konflikts oder geht feige vor Herausforderungen durch die Seile stiften.

Frau Bloßweg hat dem Rückfall in alte Muster trotz ..., ja – *mit* der Angst standgehalten. Die Ringglocke der Herausforderung läutet dabei zehn Frage-Runden zum Wandel ein:

Checkliste zur Sparringspartnerschaft mit der Angst:

1. Was will ich erreichen?
   - Im Fall Bloßweg: „Mutig anderen gegenüber meine Wünsche äußern und ‚nein' sagen können."
2. Was will ich hierzu verändern?
   - Anderen Menschen gegenüber eine neue Einstellung und Haltung gewinnen.
3. Wer oder was in meinem Selbstsystem hindert mich daran durch Angst?
   - Den für das unerwünschte Vermeidungsverhalten „verantwortlichen" Persönlichkeitsanteil erkennen: Bei Frau Bloßweg war es „das kleine Mädchen" mit seiner alten „Geh-bloß-weg-und-gibt-nach"-Einstellung
4. Mit welcher Angstlogik beeinflusst dieser Selbstanteil die Selbstführung?
   - Dem WEB-Check zufolge wurde Frau Bloßwegs Selbstführung beherrscht durch die Angstlogik des „kleinen Mädchens": „Bereits Gesten möglichen Unmuts eines Kollegen mir gegenüber deute ich als Konfliktanzeichen. Konflikt bedeutet für mich Streit. Streit verletzt! Wenn ich mich also streite, werde ich verletzt. Davor hab ich große Angst. Deshalb gehe ich jedem Streit aus dem Weg. Wenn ich nachgebe, schütze ich mich. Nachgeben ist klüger."
5. Wie kann ich die Logik der Angst infrage stellen und dadurch vom Gefühl der Angst trennen?
   - Frau Bloßweg führte die angststereotype Logik „Streit-Verletzung-Nachgeben-Klugheit" ad absurdum, weil sie erkannte: (a) Das Wort „Streit" war bei ihr automatisch mit

„körperlicher Verletzung" assoziiert. (b) Nicht „Streit", sondern „körperliche Verletzung" rief ihre Angst hervor. (c) Kein Streit, den sie bisher erlebt hatte, verletzte sie je körperlich. (d) Was sie vielmehr in ihrem Selbstwert verletzte, war das „Nachgeben". (e) Die Schlussfolgerung „Nachgeben = Klugheit" war demnach unklug. Das Angstgefühl bestand weiter, doch dessen Logik war zerbrochen.

6. Wie gehe ich mit meiner Angst als „Energie-Partnerin" des Wandels zum Ziel hin um?

   - Frau Bloßweg erkannte, dass sie in ihrer Selbstführung Angst vor der Angst ihres „kleinen Mädchens" hatte und deshalb deren Angstlogik zufolge Streitigkeiten vermied. Die Angst des „kleinen Mädchen", nicht verletzt werden zu wollen, war berechtigt, nicht aber dessen Angstlogik. Frau Bloßweg anerkannte und begrüßte ihre Angst des Persönlichkeitsanteils „kleines Mädchen" als wertzuschätzendes Sicherungssignal für ihren Selbstwert.

7. Was brauche ich, um mit der Angst als Grundgefühl menschlichen Seins meinen Wünschen und Zielen entsprechend umzugehen?

   - Getreu dem Motto „Mit der Angst durch sie hindurch und aus ihr hinaus" suchte Frau Bloßweg die Ausnahmesituation der Herausforderung. Beim Boxen tauchte genau das in ihr auf, was Frau Bloßweg brauchte: die „starke Erika". Dieser lange verschollene Persönlichkeitsanteil bot ihr im „Auge des Tornados" Mut, Sicherheit und Zuversicht.

8. Was mache ich dann konkret anders im Unterschied zur Angst?

   - Jeder Mensch besitzt seine individuelle Mutlogik, die auch Frau Bloßweg in sich entdeckt hat. Hierzu befragte sie ihren Persönlichkeitsanteil „starke Erika": „Wie denkst und fühlst und handelst du in der herausfordernden Situation des Boxens? Denn genau so wie du möchte ich es gerne öfter auch im Alltag tun." (Die ausführliche Fragetechnik hierzu siehe folgendes Kapitel „Logik des Mutes".) Die hieraus entwickelte Mutlogik lautete: „Streit stärkt! Wenn ich mich streite, behaupte ich meine Interessen und gewinne an Selbstwert. Sollte Angst auftauchen, nehme ich sie selbstsicher an und mit hinein in den Schlagabtausch, und das löst sie auf (Tornadoaugen-Ruhe). Ich gehe auf heikle Situationen zu, innerlich gewappnet mit einem grenzstarken Nein."

9. Was muss ich hierzu tatsächlich tun, um den Unterschied zur Angst wirklich werden zu lassen?
   - In der Ausnahmesituation des Boxens hat Frau Bloßweg exemplarisch erlebt: „Ich kann mit der Angst losgehen, um mutig selbstsicher werden zu können." Ihr Motto für den Alltag: „*Handeln statt vermeiden.* Hast du von deiner Angst genug, geh los!" Sie suchte heikle Situationen aktiv auf, um sich zu trainieren. Dabei wertete sie ihre Angst, die nach wie vor noch auftauchte, mit der Bedeutung eines Ringglockensignals um: „Hallo, Angst, jetzt geht es los zu meiner Selbstwertstärkung im Streit!"

10. Was ermöglicht mir, mein mutiges Handeln im Zeichen der Angst verfügbar werden zu lassen?
    - Frau Bloßweg schrieb ihre Mutlogik wie eine Gebrauchsanweisung zur „Selbstwertstärkung im Streit" rezeptpflichtig auf; das Rezept trug sie als Strategieplan auf einem kleinen Zettel in Plastikfolie mit sich herum. Und die Angst des „kleinen Mädchens" blieb Frau Bloßweg als Trainingspartnerin treu, indem sie rechtzeitig das Ringglockensignal zur Mutlogik anschlug.

Boxerisches Selbstvertrauen sucht die Angst auf, hält ihr stand und gleicht sie aus.

Die Gehirnforschung bestätigt diese Sparringspartnerschaft mit der Angst als Training zum persönlichen Wandel: Der „wichtigste Trigger“ zur neuronalen Veränderung von „Denken, Fühlen und Handeln“ ist die „neuroendokrine Stressreaktion“, die eine „Aktivierung limbischer Hirnregionen“ in Gang setzt (Schiepek 2004, S. 225/226).

Sobald Emotionen in Gang kommen und den Level üblicher Stimmungen überschreiten, kann's ans Eingemachte gehen, wenn wir mutig genug dazu sind. Und je öfter wir das üben, je öfter wir uns überwinden und unsere Mutlogik gegenüber der Angstlogik mobilisieren, umso stärker werden durch solche mutigen Aktivitäten die neuronalen Wege des Gehirns entsprechend gebahnt.

Sicherheit sucht Risiko

Der Neurobiologie Gerhard Roth bestätigt gerade auch für Menschen, die sich noch im fortgeschrittenen Alter (wie Frau Bloßweg) ändern möchten: „Extreme Auslöser machen die mittlere limbische Ebene der emotionalen Konditionierung ‚weich‘ und ermöglichen dadurch in der Tat tief greifende Persönlichkeitsveränderungen auch in späterem Alter“ (Roth 2008, S. 41). Dieser Schritt der emotionalen Wallung will gewagt sein. Zuversicht hierzu liefert die Erkenntnis, dass der Mensch fähig wird, aus seiner somatisch zentrierten Mitte heraus – im Auge des Tornados – Herausforderungen mutiger anzunehmen als lediglich mit einem rein kognitiven, sprich gedanklichen Vorsatz.

Hinter diesem Schritt ins Risiko steckt das Bedürfnis nach Sicherheit: Der Wirbel der Angst bietet in seinem Zentrum Ruhe an. Aus diesem Grenzbewusstsein am Rande des Unbezähmten heraus agiert die Boxermentalität und belohnt den Menschen mit dem Flow-Erlebnis der Lust. Denn Lust liegt gerade in der Gefahr für das Sicherheitsbedürfnis und dessen Bewältigung des Angstrisikos: Der Mensch will in seiner Bedürfnisstruktur herausgefordert werden (Cube 2004, S. 12).

Das liegt in unserer Natur begründet wie der Herzschlag und das Atmen. Wir wollen Unsicheres in Sicherheit, Unbekanntes in Bekanntes verwandeln, wollen neugierig sein und Lust verspüren, zu entdecken, zu erobern. Indem wir unsere Komfortzonen erweitern, erschaffen wir ein Flow-Erlebnis der Lust. Der Philosoph Nietzsche nennt es „die Gipfelpfeile der Sehnsucht", die wir abschießen sollen in Richtung unserer Lebensziele und Visionen. Dabei dürfen wir Anstrengungen nicht scheuen, ja wir müssen Herausforderungen aktiv aufsuchen, müssen es wagen, sie zu bestehen, wenn wir die Lust genießen wollen, es geschafft zu haben.

Die Angst ist ein Schwindel der Freiheit, jederzeit seinen eigenen Standpunkt selbst wählen und entsprechend handeln zu können.

Bei all diesen mutig herausfordernden Schritten ins Zentrum der Angst, unserer Partnerin des Wandels, sollte dem Menschen eines gewiss sein: Er bleibt sich dabei selbst treu. Dieses Bewusstsein der Kohärenz, dass wir unsere Identität bewahren, wenn wir uns verändern, liefert uns die nötige selbstkompetente Sicherheit, etwas tief greifend Neues in unserer Psyche zu erwirken. Zu einem solchen Wandel müssen wir uns oft auch zwingen und aus der Not heraus entscheiden, denn „ohne Not ändert sich nichts, am wenigsten die menschliche Persönlichkeit" (C. G. Jung 1993, S. 197). Dabei aber muss was rausspringen für uns – ein Nutzen, ein Vorteil, ein Mehrwert an Glück. Und das tut es, wenn wir uns im Augenblick der Ängste klar werden, unseren zutiefst menschlichen Strebungen nach Autonomie, Sicherheit, Selbstwert und Eroberung Genüge zu leisten.

Wichtig für uns Menschen ist und bleibt Gewissheit, wir selbst zu bleiben, wenn wir uns verändern oder verbessern wollen (oder müssen). Dieses Kerngefühl der Kohärenz bildet den Dreh- und Angelpunkt unseres selbst gewählten Wandels. Ist das gesichert, ändern wir bereitwilliger unsere Einstellungen, Bewertungen und Verhaltensweisen, als wenn wir bangen müssten, nicht mehr dieselben zu bleiben (Grawe 2004, S. 238 f.).

Wollen Sie etwas verändern, wagen Sie die Ausnahme, rechnen Sie mit Ihrer Angst und seien Sie sich gewiss, dabei Sie selbst bleiben zu können.

Das ist die gelebte Kampfkultur unserer inneren Ambivalenzen: Wir müssen uns mit unseren eigenen Fähigkeiten der Psyche (Kognition), des Körpers (Soma) und der Sprache (Kommunikation) hin und wieder schon mal selbst ausknocken, wenn wir unsere Identität bewahren und bestätigen wollen. Und weil die Götter vor den Erfolg bekanntlich den Spaß gesetzt haben, bescheren uns solche Selbstüberwindungen zudem Lust und Freude.

15. Die Logik des Mutes

Als während des Zweiten Weltkrieges Soldaten der deutschen Besatzung in Paris das Atelier des Malers Pablo Picasso durchsuchten, entdeckten sie dessen Bild „Guernica“. Dieses Gemälde, ein chaotisch-wirres Gestaltenknäuel leidend schreiender Figuren, schuf Picasso anlässlich der Vernichtung des gleichnamigen spanischen Dorfes durch ein deutsches Fliegerbombardement. Als die Soldaten Picasso fragten, ob er das Bild gemacht habe, entgegnete er: „Nein, Sie.“

Wer Mut zeigt, ist sich seiner selbst im Augenblick der Herausforderung zutiefst sicher, auch – ja und gerade dann – wenn die Angst im Nacken sitzt. Der Mut eines Menschen gleicht dann oftmals seinem Atem mit einem Luftgemisch aus Angst. Natürlich habe er auch Angst vor der Übermacht der deutschen Soldaten gehabt, gestand Picasso später seinem Galeristen Daniel-Henry Kahnweiler, doch auch solche Mächtigen, wusste der Maler im Augenblick der Not, schreckten selbst meist vor dem Mut anderer zurück. Und der lässt sich von jedem Menschen ergreifen, noch in der größten Not – wenn er wirklich will. Diesen Willen zum Mut muss der Boxer wie kaum ein anderer Menschentypus in vergleichbar extremer Konsequenz mit jedem Kampf von neuem aufbringen.

Boxer suchen, sich selbst vertrauend, die Angst in sich auf, um sich ihr mutig zu stellen. Hätten sie vor Kämpfen keinerlei Angst, bekämen sie es während des Kampfes erst richtig mit der Angst zu tun. Was aber lässt den Menschen, beispielhaft den Boxer beim Kampf, im Moment der Gefahr mutig sein? Es ist die psychische Gestimmtheit, in herausfordernden Situationen unerschrocken zielorientiert handeln zu wollen.

Mut macht Mut

Die Quelle des Mutes entspringt dabei dem Selbstbehauptungsimpuls des Menschen, entschlossen um und für sich selbst (und natürlich auch für andere) etwas zu wagen. Das wiederum stärkt das Selbstwertgefühl und lässt uns hierfür mitunter unliebsame Preise (Unlust, Verletzung, Ablehnung, Verzicht) zahlen wollen. Da Mut etymologisch dem altgermanischen Wortstamm „moud“ entspringt und „erregt nach etwas trachtet“, stoßen wir hier erneut auf das motivationale Schema der Annäherung auf ein Ziel hin. Der Mutige geht auf etwas zu (statt es zu vermeiden) und überschreitet dabei unausweichlich seine eigenen Komfortzonengrenzen.

Die persönliche Wahrheit „Was will ich eigentlich wirklich?“, ist der Ursprung des Mutes. Und jede Unterlassungssünde, diese individuelle Wahrheit nicht zu leben, fördert auf Dauer depressive Verstimmtheiten. Wer etwas, das er will, nicht tut, weil der Mut dazu fehlt, begeht in seiner Selbstachtung eine Unterlassungssünde. Unser autobiografisches Gedächtnis merkt sich das und bucht diese Schuld sich selbst gegenüber in einer Art Kontobuchhaltung des Selbstwertgefühls ab: Was zahle ich ein und was gebe ich aus – für oder gegen meine Selbstachtung? Depressionen beispielsweise resultieren gerade aus übermäßig abgebuchten Unterlassungen in einem Soll des Selbstwertkontos. Dagegen vorzubeugen lohnt sich die Investition entschlossenen Handelns. Um im Plus seelischer Gesundheit zu bleiben, das allein macht schon den Mut zum Muss des Glücks.

Mut ist erlernbar wie das Fahrradfahren

Unseren Mut können wir regelrecht trainieren. Dazu gilt es, ein individuelles Mutprogramm grundlegend zu entwickeln und als Trainingsplan aufzustellen, es zu pflegen, gegebenenfalls neu einzurichten und immer wieder aufzufrischen. Mutprogramm? Nun, hierzu notieren Sie bitte zuerst eine Stichwortliste[6]: Erinnern Sie sich bitte an (a) Situationen, in denen Sie mutig waren, und sodann an (b) solche, wo Sie (sorry, aber seien Sie ehrlich) feige waren. Und wenn Sie wollen, notieren Sie unter (a) und (b) stichwortartig, was Sie in den jeweiligen Situationen gedacht, gefühlt und getan haben. Wenn Sie das nun vergleichen, erkennen Sie sofort einen programmierten Verlauf, eine Art Logik, die in jeweils ähnlichen Situationen des Mutes und der Feigheit ähnlich abläuft. Und diese Logik können wir wie ein Programm beeinflussen.

Eine der faszinierendsten Gehirnfunktionen ist unsere Fähigkeit, Erlebnisse umzuwandeln in biologische, sprich neurologische Signale. Dadurch sind wir in der Lage, unsere neurologischen und sogar genetischen Reaktionsmuster gegenüber Umwelteinflüssen neu einzustellen. Wer sich mehr mutig als feige zeigt, gibt seiner neuronalen und genetischen Ausstattung mehr Chancen in die eine statt in die andere Richtung. „Gene steuern nicht nur, sie werden auch gesteuert“ (Bauer 2007, S. 20). So haben wir es im Griff, was uns sonst im Griff hat.

„Wenn du Angst hast, tu so, als hättest du keine Angst.“ Mit diesem bereits zitierten Mutmacher trifft Muhammad Ali exakt die selbst gewählte Lebenshaltung Richtung Mut, die ihm beim Weltmeisterschaftskampf gegen George Foreman 1974 quasi das Leben gerettet hat und ihn hat siegen lassen. Verlassen vom Zutrauen der Boxwelt in seine Siegesfähigkeiten, stand Muhammad Ali auf einsamem Heldenposten alleine da. Die Boxexperten und selbst Alis engster Trainertrupp räumten ihm kaum noch eine Chance gegen den überstarken Gegner ein.

Wer die Dokumentarfilme aus dem Trainingslager von Foreman gesehen hat und sich vielleicht noch erinnert, wie diese lebende Kampfmaschine stundenlang melonengroße Löcher in zentnerschwere Sandsäcke gedonnert hatte, mag eine Ahnung davon bekommen, wie es Ali zumute gewesen sein mochte. Sportrepor-

6 Diese Stichworte werden von Ihnen später unter „Mut-Marker“ mit Leben gefüllt, siehe S. 112.

ter sahen Ali „auf dem Weg zum Galgen“. Und Ali hatte vor dem Kampf tatsächlich mehr mit seiner Angst vor diesem gewaltig überlegenen Champion zu kämpfen als mit seinen eigenen Sparringspartnern.

Wenige Augenblicke vor dem Kampf schlug dann Ali in seiner Kabine dem Schicksal der Angst in die Fresse. Seine Leute kauerten mit traurigen und mutlosen Gesichtern um Ali herum, und Ali inszenierte für sie und für sich plötzlich einen Freudentanz. “Warum seid ihr so traurig? Heute Abend tanzen wir. Ich werde tanzen und tanzen.“ Er schaute um sich. „Was werde ich?“ – „Du wirst tanzen.“ – „Ja, ich werde tanzen und tanzen. Und der Mann wird verwirrt sein, und ich, ich werde tanzen und tanzen.“ Das Selbstwertbewusstsein eines Kämpfers. Und seine Leute weinten vor Freude. Er hatte sie um seiner selbst willen so weit aufbauen können, dass sie glücklich waren.[7] (Die Fortsetzung hierzu folgt im Kapitel 18, S. 131.)

Ein Boxer denkt, mutig zu sein, und verhält sich auch so.

Muhammad Ali kannte seine Mutlogik auswendig. Die emotionale Einfärbung seiner Gedanken, durch Bilder vergangener Siege und dem Ziel zu siegen geprägt, verlieh Alis Denken seine Richtung und Bedeutung – kurz: verlieh ihm den Sinn seines Mutes zum Sieg. Diese Domäne von Muhammad Ali kann zur Mutdomäne eines jeden Menschen werden. Unsere Mutgefühle wirken auf unsere Denkprozesse wie Leim oder Bindegewebe und gestalten eine „affektspezifische Logik“ (Ciompi 1998, S. 86), aus der heraus ähnlich gestimmte Gefühle und Gedanken zu einem mental einheitlichen Ganzen verknüpft werden. Das sollte natürlich geübt und gestärkt und immer wieder eingestimmt werden. Fordern Sie deshalb Ihre Gefühle mit

7 Nachzuerleben im oscarprämierten Dokumentarfilm „When we were Kings“ von Leon Gast.

ähnlich mutig gestimmten Gedanken konsequent heraus: „… und ich werde tanzen und tanzen."

Denn unser Mut wirkt auf unser Denken attraktiv. Er zieht wie ein Magnet bestimmte Gedanken und Gefühle an und stößt andere, die nicht dazu passen, unweigerlich ab. Jeder Mutimpuls kreiert so etwas wie einen kohärenten Gedanken- und Emotionskomplex um sich herum: einen Mutmagnet mentaler Späne. Und weil unsere Affekte das beeinflussen, was wir denken, fühlen und äußern, können wechselseitig unsere Körpergebärden, -haltungen und -aktionen wiederum unsere Affekte beeinflussen. „So, wie Sie gehen, so geht's Ihnen" (frei nach Gunther Schmidt).

Mut können wir wollen

Diese selbst gewählte Entscheidung kann jeder Mensch treffen, wenn er will. Nur, um sich für etwas entscheiden zu können, muss hierzu ein erfahrbarer Unterschied vorhanden sein. Sie können sich für den Mut nur entscheiden, wenn Sie wissen, wie Sie Mut in sich bewirken und wie Mut dann in Ihnen wirkt. Das heißt: In Ihren Systemen der Psyche, des Körpers und der sozial-sprachlichen Beziehungen muss es Markierungen geben, die für Sie nicht nur bemerkbar sind, sondern die Sie sich auch merken können. Für unsere Selbstführung ist es entscheidend, wie wir uns wahrnehmen und darüber reflektieren: über unsere Stimmungen und Gedanken, unsere Phantasien und Gefühle, unseren Körper und unsere Haltung. Denn wir können nur etwas verändern, wenn wir es erkennen und benennen können.

Gehen Sie bitte noch einmal die anempfohlene Stichwortliste Ihrer mutigen Erlebnisse durch (und sollten Sie diese kleine Übung vorhin übersprungen haben, geben Sie sich jetzt eine Chance dazu: siehe Seite 109). Konzentrieren Sie sich auf ein Muterlebnis und spüren Sie Ihren gedanklichen und insbesondere emotionalen und körperlichen

Empfindungen nach, die Sie damals gehabt haben. Beantworten Sie hierzu folgende Fragen:

Meine Mut-Marker:

- Was habe ich gedacht oder mir gesagt, als es darauf ankam, Mut zu zeigen?
- An was habe ich geglaubt? Habe ich mir etwas vorgenommen? Wenn ja: was?
- Welches innere Bild ist entstanden? Eine Phantasie vielleicht? Eine Metapher? Eine Situationsvision?
- Für wen habe ich mich in diesem Augenblick gehalten? Wie kam ich mir da selber vor?
- Welche Körperhaltung habe ich eingenommen? Welche Geste, Pose, Mimik?
- Welches Gefühl kam dabei auf? Wie fühlte sich dieses Gefühl (des Mutes) an?
- Wo genau spürte ich dieses Gefühl in meinem Körper am intensivsten?
- Und wie reagierte mein Körper darauf? Welche körperlichen Signale (Wärme, Druck, Kribbeln, Spannung …) tauchten wo genau auf?
- Und was in diesem Mut-Marker-Ablauf hat mir den entscheidenden Impuls gegeben zu handeln?

Weil unsere Emotionen und unser Körper schneller reagieren als unser Denken und damit unser Handeln maßgeblich bestimmen, können wir unsere Selbstführung entscheidend steuern durch eine sensible Reflexion unserer emotionalen Signale. Denken Sie hierzu beispielsweise an die Medienbilder von Weltmeisterschaftsboxern in ihren Kabinen vor dem entscheidenden Kampf. Diese Boxer, werden Sie sehen, wirken in sich gekehrt, konzentriert, fast nachdenklich – wie in eine jenseitige Zone versetzt. In diesen Augenblicken der mentalen Sammlung richten die Boxer ihre Aufmerksamkeit auf psychophysische Körperbilder: affektiv-mental spürbare (neurologische) Markierungen einer inneren Haltung für Entschlossenheit, Siegeswille, Risikofreude, Selbstvertrauen, Herausforderung. Wirksam wird hier eine Art Neuro-Design der Mut-Marker als körperbildliche Impulsgeber für den Habitus zum Sieg. Hierdurch steuern sich Boxer auf das hin, was sie erreichen wollen. Die Kraft unseres Handelns, gedanklich gesteuert, fließt aus körperlichen Energien. Insofern kombiniert, wer sich selbst mutig führt, seine körperlichen Energien mit kognitiv markierten Signalen zu einem Erfolgsrezept des Handelns.

Mut zieht Spuren der Zukunft

Das kennen Sie nun: Wenn Sie Ihren Körper straffen, straffen Sie Ihre Stimmung. Und diese Selbststeuerung beschränkt sich nicht auf körperliche Haltungen. Mit jedem bewusst gewählten und konkret erlebten Fühl-, Denk- und Verhaltensablauf können Sie affektiv-kognitiv Markierungen wie ein eigens von Ihnen gestaltetes Neuro-Design installieren, das wie eine Sogspur für nachfolgende ähnliche Erlebnisse wirkt. Mit jedem Erlebnis spuren Sie gleichsam die Zukunft vor sich her. Indem Sie mutig handeln, erhöhen Sie Ihre Chance, dass bei der nächsten Herausforderung Ihre geprägten Emotionen die ihnen entsprechenden Gedanken hervorrufen. Aus der Logik des Mutes resultiert somit „eine selektive Speicherung und Aktivierung von affektkonformen Kognitionen im Gedächtnis“ (Ciompi 1998, S. 85). Das heißt: Der mutige Schlag, der auch noch trifft, führt zu ähnlichen Mustern im Denken, Fühlen und Handeln für das, was folgt. Achten Sie mal beim Boxkampf auf Treffer – Treffer ziehen meist Treffer nach sich. Achten Sie mal im Alltag auf mutige Handlungen – Gesten, Mimik, Gefühle, Gedanken folgen der Mutspur.

Was sich aus der Erfahrung bewährt hat, legt fest, wohin es gehen soll mit uns.

Sind Sie schon einmal einem Profiboxer persönlich begegnet? Da weht Ihnen etwas entgegen, was Sie beispielsweise mit „Charisma“ nicht beschreiben können. Sie spüren diesen Unterschied zu anderen Menschen. Es ist diese geprägte Haltung aus Mut, Risikowagnis und Herausforderung von vielen Kämpfen. Die Logik des Mutes ist Boxern zum Habitus einer Lebenshaltung geworden (mögen sie auch in manchen anderen Seelendingen milieutypisch ihre Schwachstellen haben). Der Boxer würde in keinen Kampf erfolgreich einsteigen können ohne dieses Lebenskonzept von Energie und Kognition: Ich schaffe es! Und kein Boxer, der den Sieg will, sagt sich vor einem Kampf: Das schaff ich nicht. Kämpfe prägen.

Fragen Sie Freunde oder Kollegen, die sich schon mal extrem gestritten, Konflikte hart durchgefochten oder sich sogar körperlich zur Wehr gesetzt haben. Sie werden sehen, diesen Menschen leuchten oft die Augen, während sie sich erinnern, da geht der Atem tief, schwellt die Brust vor – strafft sich die Seele. Was da neuronal passiert, ist systemisch sinnvoll. Wir erinnern uns an die Bilder der vergangenen Situationen (kognitiv), spüren die entsprechenden Emotionen (somatisch) und nehmen dazu eine dem gemäße aktuelle Lebenshaltung ein: ein zuversichtliches Lächeln beispielsweise, einen stolzen Gang, ein mutige Tat. Gedanken und Gefühle kreieren gegen- und wechselseitig einen Unterschied zur Umwelt, und darin folgen wir einem Grundimpuls unserer mentalen Prozesse, Unterschiede zu setzen – wozu es wiederum des Grundimpulses Mut bedarf.

16. Dein Mut kann sprechen!

So wie der Boxer Gefühlsanker wie Mut, Zuversicht, Wagemut und Selbstvertrauen als affektiv-kognitive Marker auf dem Weg hin zum Sieg installiert, können Sie Ihre Mutlogik aktivieren. Und Sie werden sehen, Ihre Mutlogik funktioniert dann wie ein übergeordneter Rahmen, wie das Medium einer neuen Bewertung. Dazu müssen Sie natürlich wissen, welchen Ihrer Ich-Zustände Sie hierfür aktivieren wollen. Hierzu möchte ich Sie wieder bitten, in sich zu gehen und denjenigen Persönlichkeitsanteil aufzuspüren, den Sie als Ihren Mutmacher identifizieren möchten. Das kann jetzt gleich eine spannende Reise ins System Ihres „Inneren Teams" werden.

Bevor Sie gleich mit ausgewählten Fragen zu Ihrer Mutlogik diesen Ich-Zustand besser kennenlernen werden (siehe „Ihre Rezeptur der Mutlogik", S. 120), sollten Sie sich über das „Wesen" dieses Anteils bewusst werden: Wie ist seine Beschaffenheit und wie stehen Sie und dieser Anteil zueinander? Die folgenden Fragen klären gleichsam das „Design Ihres Mutes". Sie können jemanden – auch in Ihnen – nur ansprechen, wenn Sie wissen, wen. Und hierzu sind Merkmale notwendig, mit denen sich Ihr Gesprächspartner vom Umfeld unterscheidet.

Fragen zur Mutmacher-Gestalt:

- Wenn Sie sich die Ich-Zustände Ihrer „Mut-Marker" (siehe Kapitel 15) als Persönlichkeitsanteil vergegenwärtigen und zu einer Gestalt oder Figur zusammenzufassen versuchen, welches Bild und welcher Name fallen Ihnen dazu ein?
- Gibt es diesen Persönlichkeitsanteil in Ihnen schon lange? Seit Ihrer Kindheit? Seit Sie erwachsen sind?

- Taucht dieser Persönlichkeitsanteil in Ihnen oft, gelegentlich oder eher selten auf?
- Wie stehen Sie und dieser Anteil zueinander: nah oder distanziert, beständig oder wechselhaft, vertraut oder unvertraut, verlässlich oder unzuverlässig, zugetan oder abgeneigt?
- Ist dieser Persönlichkeitsanteil weiblich oder männlich? Laut oder leise? Dominant oder zurückhaltend? Wild oder sanft?
- Wie drückt sich dieser Anteil bevorzugt aus: sprachlich, emotional, körperlich?
- Aus welchen Erfahrungen und Geschichten mag dieses Teammitglied ein „Echo“ (im Sinne von Niederschlägen vergangener Identifikationen) sein? Welche Erziehungspersonen, Vorbilder, Symbole, Mythen etc. mögen hier Pate gestanden haben?
- Welche Position nimmt dieser Persönlichkeitsanteil im System Ihrer anderen Ich-Zustände ein? Hat er eine Vormachtstellung oder steht er lieber in der zweiten Reihe? Agiert er offen oder eher aus dem Verborgenen? Hat er das Sagen oder muss er (wen) um Erlaubnis fragen? Ist er ein Team-Player oder eher ein Einzelkämpfer?
- Wird er von anderen Inneren Teammitgliedern gesucht, akzeptiert, gemieden? Hat er Verbündete, Konkurrenten, Feinde?

Der Boxer kann nur treffen, was er sieht und kennt.

Ein Beispiel: Frank Helfer, Leiter der Risikoabteilung einer Bank, marschierte zur Tür meiner Praxis herein, als hätte er kaum Gegner im Leben, die ihn aufhalten könnten. Groß, kräftig, fast ungestüm und strahlend, wirkte dieser Mittvierziger, als machte ihm die Welt jederzeit Platz. Jedoch: „Es ist zum Kotzen, ich bin viel zu lieb zu meinen Mitarbeitern, und wenn's um meinen nächsten Karriereschritt geht, drücke ich mich vor den entscheidenden Gesprächen." Wie das? „Meine Harmonie, meine Nachsicht, meine Rücksicht, die stehen so hoch im Kurs, da knickt meine Mut-Aktie permanent ein." Aha, Mut ist also da. Und was noch? „Ja, Mut und auch Risikofreude, aber beides erlebe ich zu selten und immer nur, wenn ich allein bin, also beispielsweise auf der Harley Davidson ohne Helm, beim Steilklippen-Springen oder in riskanten Fondsgeschäften für meine private Geldanlage." Schon immer mutig und risikofreudig gewesen? „Nein, erst in der späten Jugend, das habe ich mir regelrecht antrainieren müssen. Mein Vater war der typische Schlappschwanz, ging allen Schwierigkeiten aus dem Weg und war mir nie ein Vorbild für männliches Verhalten." Und wenn Sie den Mut und die Risikofreude wie zwei eigenständige Persönlichkeitsanteile betrachten, wie ist da Ihre Beziehung zu ihnen? „Wenn die mal da sind, total klasse, wie engste Freunde, auf die ich mich verlassen kann, aber die ich einfach viel zu selten sehe." Und wie ticken Ihre „Freunde" so? „Na, ja, wie echte Kerle mit Herz, also keine platten Hau-drauf-Typen. Stark sind die, in jedem Fall, aber auch irgendwie sanftmütig, da schlägt wohl irgendwie noch meine Mutter durch." Und wenn die „Freunde" zu uns sprechen könnten, wie würden sie sich ausdrücken? „Ich glaube, die Risikofreude denkt und berechnet mehr, so nach dem Motto ‚no risk, no fun'. Der Mut drückt sich mehr emotional aus, mit einem Gefühl von ungestümer Kraft und heiterer Zuversicht." Hat es Vorbilder für das Aufwachsen Ihrer „Freunde" gegeben? „Null! Ich musste mir da selbst Vorbild werden und habe mir das Verhalten aus Fernsehen, Filmen und Romanen zusammengestellt." Und wenn wir jetzt mal alle Anteile, die Sie genannt haben, zusammennehmen, wie stehen da Mut und Risikofreude im Zusammenhang mit Harmonie, Rücksicht und Nachsicht? „Diese eher weichen Anteile sind meist vorne, so richtige Gewohnheitszüge, wenn Menschen um mich sind. Dann haben diese Anteile das Sagen, halten zusammen und schotten Mut und Risikofreude vollkommen ab. Und wenn dann noch meine Angst vor Stress mit Menschen und mein Helfersyndrom hinzukommen, gibt es kein

Durchkommen mehr für meine wagemutigen Freunde. Mit denen kann ich dann nur noch Harley fahren – ohne Helm." (Das Coachinggespräch wird später fortgesetzt.)

Wer schon so weit gekommen ist in der Selbstklärung seiner Persönlichkeitsanteile, sollte jetzt einen Unterschied im Umgang mit seinen Ich-Zuständen wagen, also etwas tun, was bisher ausgeblieben ist (oder etwas sein lassen, was bisher getan wurde), denn …

… wenn Sie weiterhin tun, was Sie tun, werden Sie das bekommen, was Sie bisher bekommen haben.

Herrn Helfer wurde klar: In jedem Augenblick war er frei genug, auf eine Zukunft hin zu handeln, die er sich wünschte. Er wollte sich verändern und damit Regeln der Vergangenheit auslöschen. Aber er wusste auch, seine Gewohnheiten und sein bisheriges Wissen über sich selbst beschränkten seinen Möglichkeitssinn. Um hier Alternativen zu schaffen, greift das „Prinzip der gelebten Ausnahme": Welche Erfahrungen hat er gemacht, die seinen Möglichkeiten schon einmal selbstwirksam Raum gelassen hatten, sich zu verändern? Und welcher Lebenskontext, welches Situationsgefüge war hierzu gegeben, um diese Erfahrungen wirklich werden zu lassen? Wenn wesentliche Lebenserfahrungen nicht gemacht, nicht unterstützt, nicht zugelassen oder nicht angenommen worden sind, kann im Menschen ein Vakuum seiner vernachlässigten Selbstanteile entstehen. Und ein Vakuum implodiert bekanntlich nach innen: Mutlosigkeit, Selbstzweifel, Antriebsschwäche, Defensivität. Die stummen Schreie des Körpers verlangen vom Menschen einen Unterschiedsmacher als Ausweg – sie verlangen so etwas wie einen somatischen Lauf.

Abstand führt

Mit den Fragen zur Mutmacher-Gestalt ist Herrn Helfer erstmals die Vielfalt seiner Selbstzustände bewusst geworden, auch wie konkret er diese Persönlichkeitsanteile sprachlich voneinander unterscheiden konnte. Vorausgesetzt, Sie haben (wie Herr Helfer) Ihren Mutanteil in sich entdeckt und ihn im Unterschied zu Ihren anderen Ich-Zuständen spür- und wahrnehmbar gemacht, dann sollten Sie jetzt diesen Ihren aufgetauchten Persönlichkeitsanteil auch besser kennenlernen. Das erreichen Sie durch ausgewählte Fragen an Ihr Teammitglied.

Wer fragt, gewinnt Abstand zur Selbstführung. Hierzu wiederum ist es hilfreich, diesen Abstand zu sich selbst vorab zu symbolisieren. Stellen Sie beispielsweise einen Stuhl vor sich hin, auf dem in Ihrer Vorstellung der Mutanteil sitzen soll, oder nehmen Sie einen passenden (handlichen) Gegenstand (z. B. Hammer, Ball, Füllfederhalter, Figur) oder zeichnen Sie auf einem Blatt Papier das Symbol Ihres Selbstanteils und legen das vor sich auf den Tisch hin. Mit einer solchen Vergegenständlichung Ihrer Anteile treten Sie in Distanz zu sich selbst für Ihre Selbstreflexion. Mit diesem Prinzip der hinaustretenden Veranschaulichung nehmen wir Abstand zu unseren eigenen inneren Geschichten: Was dich innerlich bewegt, schreib es auf und schau es an! Spätestens die Griechen haben uns das mit ihren Tragödien vorgemacht: Was die Menschen antrieb und bewegte oder leiden ließ und hemmte, tauchte als Medea, König Ödipus oder Antigone auf den ersten Bühnenbrettern unserer Kulturgeschichte wieder auf. Damit kreierte der Selbsterkenntnisprozess der Menschheit einen bühnenreif anschaulichen Anfang: Aus einem szenisch objektivierten Abstand zu uns selbst begreifen wir unser Leben oft besser, weil emotional ergriffener, als allein aus der inneren Reflexion heraus. Auch hier ist es der emotional erlebbare Unterschied zu unserem gewohnten Nachdenken über uns selbst, der einen Unterschied für alles weitere Denken, Fühlen und Handeln bewirken kann. Bereits wenn Sie jemandem etwas über sich erzählen oder Gedanken über Ihr Leben in ein Tagebuch schreiben, distanzieren Sie sich ein klein wenig von sich selbst und erkennen dadurch manche Dinge klarer.

Imaginationstechnik zum Mutdialog

Wenn Sie gleich Ihren Selbstanteil des Mutes befragen (siehe unten „Ihre Rezeptur der Mutlogik“), um ihn näher kennenzulernen, nutzen Sie zur Frage-Antwort-Technik Ihre Fähigkeit zur Imagination …

… und richten (laut oder stumm) Ihre Frage an den Mutanteil (imaginiert auf dem leeren Stuhl oder in der Figur auf dem Tisch),

… und versetzen sich dann voll und ganz in Ihren Persönlichkeitsanteil des Mutes, tun also so, als wären Sie jetzt einzig und allein der Mutanteil in Ihnen,

… und lassen die Frage noch einmal auf sich einwirken

… und spüren und horchen den Antworten nach, die in Ihnen (als Mutanteil) auftauchen

… und schreiben dann Antwort für Antwort (je Frage) auf einem Extrablatt Papier als Ihre Mutlogik auf.

Nach dieser Imaginationstechnik stellen Sie nun (frei nach dem Motto „Mut, so sprich!“) folgende Einsichtsfragen an den Mutanteil, wobei Sie diejenigen Fragen auswählen können, die Sie ansprechen und von denen Sie ahnen, dass sie in Ihrem spürbar gewordenen Mutzustand etwas auslösen.

Ihre Rezeptur der Mutlogik:

- Wer bist du und worauf legst du wert?
- Was ist deine Grundbotschaft? Wozu ist sie wichtig?
- Was lässt dich so denken, fühlen und handeln?
- Wofür stehst du? Was ist dir wichtig?
- Was ist typisch für dich? Wie fühlst du da?

- Wofür setzt du dich so ein? Was sind deine Interessen?
- Was brauchst du, um deine Aufgabe, dein Ziel zu erfüllen?
- Wie ist deine Körperhaltung, mit der du deine Aufgabe am besten erfüllst?
- Wie erklärst und bewertest du heikle Situationen?
- Was lässt dich so sicher sein, dass du es schaffst??
- Wie lautet dein Wertekanon, die Grundsätze deiner Erfahrung?
- Wie bist du als Persönlichkeitsanteil in mir entstanden und gewachsen? Seit wann gibt es dich in mir?
- Wie sind aus deiner Geschichte deine Überzeugungen entstanden?
- Was möchtest du mir zeigen? Was kann ich von dir lernen?
- Was sicherst du in mir damit?
- Wie lautet dein Motto dazu?
- Was ist deine Rolle im Inneren Team?
- Hast oder brauchst du Verbündete meiner anderen Persönlichkeitsanteile? Hast du Gegner unter ihnen?
- Welchen Tipp gibst du mir zur Team- und Selbstführung?
- Was brauchst du von mir, damit wir beide deine Mutlogik in die Tat umsetzen können?

Ihre Antworten werden Ihnen bewusst machen, worauf es Ihrem Mut(-Anteil) ankommt, wenn's drauf ankommt. Nur: Die Einsicht allein, ändert noch nicht Ihr Verhalten und Ihre emotionale Einstellung zu dem, was Sie erreichen oder verändern möchten. „Das bewusste Ich ist nicht in der Lage, über Einsicht oder Willensentschluss seine emotionalen Verhaltensstrukturen zu ändern; dies kann nur über emotional ‚bewegende' Interaktionen geschehen" (Roth 2001, S. 453).

Jetzt gilt es zu handeln und dabei eine Haltung einzunehmen, die unterschiedspraktisch wirksam wird, also einen emotional wirksamen Unterschied setzt zu Ihrer Umwelt wie auch zu Ihrem eigenen Selbstverständnis. Der Philosoph Friedrich Nietzsche hat hierzu ein (boxerisches) Grundmotiv der konstruktivistischen Lebenseinstellung formuliert:

Der Akt schafft den Akteur.

In diesem Sinne empfiehlt auch der Stoiker Seneca dem mutigen Kämpfer: „Kein Ringkämpfer kann großen Mut zum Kampfe mitbringen, der noch niemals braun und blau geschlagen worden ist“ (Seneca 1974, S. 205). So weit müssen Sie nicht gehen, doch Blessuren der Seele sollten gewagt werden. Denn eines ist sicher, Preise müssen wir allenthalben zahlen, Preise für die Selbstakzeptanz – oder zur Unterlassungssünde. Und genau das ist die Basis unserer Lebenshaltung: Handeln Sie mutig, dann sichern Sie Ihre nötige Einstellung zu weiteren Handlungen, die Ihren Mut erfordern. „Versuchte Tapferkeit steigert sich“ (Seneca, ebd., S. 206). Und das wiederum stärkt Ihre Haltung sich selbst und dem Leben gegenüber. Ihr Mut hält hierzu all seine Weisheit für Sie parat.

17. „Mut …, sag, wo's langgeht!"

Einmal angenommen, Sie geraten in folgende Situationen: Ihr Chef vergibt in einer gemeinsamen Besprechungsrunde das von Ihnen heiß ersehnte Projekt überraschenderweise an einen Ihnen unsympathischen Kollegen. Oder: Während einer Vortragsveranstaltung werden Sie unvermutet auf die Bühne zu einer öffentlichen Stellungnahme gebeten. Oder: Sie sitzen mit Ihrem Ehepartner in einem Restaurant, und am Nebentisch äußert sich plötzlich ein Gast eindeutig abfällig über Ihre Begleitung ... – das Leben packt Sie oft genug am Kragen und fordert von Ihnen eine Antwort. Und dann entscheidet sich in Sekunden, was Ihr Gehirn für solche Herausforderungen parat hat.

Ihr Gedächtnisspeicher gleicht einer Art Kontostand mit unterschiedlichen Währungen. Haben Sie in Ihrer Vergangenheit mehr mit mutigen Annäherungen eingezahlt, überwiegt der Mut gegenüber den ängstlichen Vermeidungen – und umgekehrt. Und der jeweilige Saldo beeinflusst wiederum Ihre sekundenschnelle Reaktion, welche Richtung Sie, wenn es darauf ankommt, einschlagen werden: Weiche ich aus oder gehe ich ran? Bleibe ich sitzen und schweige oder erklimme die Bühne und mache den Mund auf? Schlucke ich den Bissen runter oder zeige ich die Zähne? Was auch immer wir wählen – wir stellen damit in jeder Sekunde unseres Lebens die Weichen für unsere weitere Fahrt. Und wir können wählen, ob wir uns bewusst entscheiden und unser Schicksal selbst mitbestimmen oder ob über uns entschieden wird und wir die Selbstführung abgeben.

Überlassen Sie beispielsweise das Projekt widerstandslos Ihrem Kollegen, nur weil Ihr Chef das will, hat Ihr Image einen Stempel verpasst bekommen: Mit dem kann man's machen. Gehen Sie tapfer auf die Bühne und beziehen Stellung, hat Ihr Image einen Stempel verliehen bekommen: Die oder der wagt es. Würgen Sie hinter gepressten

Lippen die Schmach der Beleidigung am Nebentisch runter, hat Ihr Image einen Stempel verabreicht bekommen: Feigling. Und all diese Spuren geistern auch und vor allem in Ihrem Text der Selbsterzählung für alle weiteren Folgen Ihrer Geschichte herum. Mit Ihrer Meinung über sich selbst erklären und bewerten und entwerfen Sie Ihr darauf folgendes Leben.

Unsere Selbstmonologe steuern unser Handeln

Hierzu mache ich in meinen Seminaren eine simple Übung: Jeweils zwei Teilnehmer halten die beiden Enden einer zusammengerollten Zeitung fest und versuchen, den Partner über eine Linie zwischen sich zu ziehen. Dabei soll der eine Partner sich als Gedankenmonolog permanent einreden: „Ich bin ein Idiot", der andere: „Ich bin ein Held". Wer bei diesen beiden Selbstmonologen in der Regel gewinnt, ist gleichsam selbstredend. Das heißt: Sie markieren in allem, was Sie tun, immer auch eine Art Selbstkommentar zu Ihrem Denken, Fühlen und Handeln: Wie stehe ich in meiner Selbstakzeptanz zu dem, was ich da so alles denke, fühle und tue? Und das Leben folgt solchen Selbstkonstruktionen oftmals bis in die Feinspur körperlicher Empfindungen hinein. Also: Entwerfen Sie die Lebensfarben solcher Markierungen ganz nach Ihrem Geschmack!

> **Frank Helfer wirkte perplex:** „Ja, genau so muss es laufen, so funktioniert es." Doch dazu hatte er vorab etwas wagen müssen. Mut kommt nicht durch bloßes Denken allein zustande. Also waren wir zuvor in den Ring gestiegen. Und es brach aus ihm all das heraus, was er für sein Gluck brauchte, und das mit einer solchen Vehemenz, also ob ein Vulkan direkt neben dem friedlichen See ausgebrochen wäre. Allerdings kam nicht gleich alles zum Vorschein, was typisch war für Helfers Zwiespalt zwischen seinen Harmonie- und Mutanteilen.

Anfangs deutete er seine Schläge beim Sparring nur an, als hingen zwischen ihm und mir übergroße Wattetüten herum; er blieb brav auf Abstand. Eine Kraftmaschine voller Energie, strotzend hinter fliegenden Fäusten, die ins Leere donnerten. Kurz vor dem Ende der zweiten Runde gingen ihm dann auch langsam Saft und Kraft aus. Seine Weichzonenschläge, wirkungslos in die Luft gefuchtelt, hatten ihn ausgelaugt wie ein Spurtlaufen auf der Stelle. Und dann, so erklärte er mir später, traf ihn der Schlag seiner Einsicht: Meine Energie frisst mich selber auf, wenn sie gestoppt wird kurz vor ihrer eigentlichen Erfüllung, zu treffen. Welch eine Befreiung für ihn!

In der dritten Runde musste ich selbst aufpassen und auf der Hut sein vor seinen Schlägen. Frank Helfer wagte entschlossen, Treffer von mir einzustecken, um selbst Treffer landen zu können. Darum geht es: Preise zahlen, um Preise zu erreichen. Helfers Mutanteil war in all seinen Bewegungen präsent, und seine Angriffslust machte ihm klar vor, worauf es in heiklen Situationen ankommt, wenn mutig gehandelt werden soll. Das Boxen begriff Helfer als wegweisende Ausnahme seines Regelverhaltens, rücksichtsvoll zurückzustecken. Nun galt es, dieses Ausnahmepotential verfügbar zu machen für die Alltagsroutinen.

Beim Coaching befragte Frank Helfer seinen Mut mit Hilfe der Stuhltechnik; auf dem leeren Stuhl lagen seine roten Boxhandschuhe. Hallo, Mut – worauf kommt es dir an? Auf ein überschaubares Risiko, und dabei will ich etwas Neues kennenlernen und neugierig sein und interessiert, meine Horizonte zu erweitern. Wozu ist dir das wichtig? Ich kämpfe für das Sicherheitsbedürfnis in dir, denn je mehr du mit mir wagst, umso sicherer fühlst du dich. Und was lässt dich so fühlen, denken und handeln? Meine innere Bestimmung, mutig zu sein, und mein Recht dazu, das auch auszuleben. Und was macht dich so sicher, dass es klappt? Ich habe Vertrauen in mich selbst und eine ungeheure Kraft. Und was fehlt dir dazu, das auch leben zu können? Erfahrung, Gelegenheiten, Chancen – ich muss mich als Mutanteil öfter ausprobieren und beweisen, dass es funktioniert, nur so kannst du als Gesamtperson mit deinen übrigen Anteilen mehr und mehr vertrauen. Mir fehlen schlicht Erfolgserlebnisse – ich will erfolgreich sein. Und was ermöglicht dir das, worauf es dir ankommt? Eine gewisse Rücksichtslosigkeit, die sich nicht darum schert, was andere Menschen von uns denken mögen. Ich habe Ziele für meinen Selbsterhaltungstrieb und ich habe vor allem Selbstbewusstsein. Und was ist demnach typisch für dich? Ich bestimme mich selbst, akzeptiere mich selbst und bin mit mir selbst zutiefst zufrieden. Außerdem wäge ich nicht immer alles so ab wie du, ich denke nicht so viel über mögliche Konsequenzen nach, die meist sowieso nicht so eintreten wie befürchtet. Und was könntest du mir versichern? Ich lasse dich nicht im Stich, ich bleibe dir treu – wenn du mich mehr in dir zulässt. Und was sicherst du mir damit? Du kannst dir selbst viel mehr vertrauen als bisher und du gewinnst Achtung vor dir selbst und vor anderen. Und welchen Tipp gibst du mir? Hör nicht so viel auf deine Harmonie und deine Nachsicht, wenn es brenzlig wird. Und was brauchst du von mir, damit wir deine Mutlogik in die Tat umsetzen? Einfach mehr Zutrauen, dass es gutgehen wird, und weniger Gewohnheitsrecht für deine harmoniebedächtigen Anteile. Okay, und welches Motto gibst du uns? Lebe *dein* Leben und nicht das Leben anderer!

So perplex Frank Helfer nach diesem Dialog mit seinem Mut dann war, so erstaunt zeigte er sich Wochen später im Coaching. „Schon irre, wie weit ich gehen kann gegenüber meinen Mitarbeitern und Kollegen, und da wird mir sogar noch Respekt entgegengebracht. Die ganze Zeit habe ich mich nur selbst blockiert, habe mir eingeredet, Kollegen könnten sauer sein auf mich oder ich hätte kein Recht, mich auf die nächste Position zu bewerben, alles nur aus einer eingeredeten und vollkommen unangemessenen Rücksichtnahme ...", schmunzelnd zieht Frank Helfer beide Fäuste auf Kopfhöhe, „... und das ist meinem Mut gegenüber eine der größten Unterlassungssünden gewesen. "

Das Fest des Hammers ist sein Schlag.

Unser Leben ist ein verdammtes Ding nach dem anderen und packt uns immer wieder am Kragen und fordert uns heraus. Und wir können entscheiden: vorwärts oder zurück? Einmal angenommen, Sie haben Ihren Mut nach den Faustregeln seiner Logik befragt – jeder Mensch hat seine für ihn typischen Erlebnisse des Mutes erfahren –, dann sollten Sie sich dessen in solch entscheidenden Moment bewusst werden können. Was Sie erlebt haben, kann Ihre nächsten Erlebnisse entscheidend prägen. Auf solche mutigen Erfahrungen zurückgreifen zu können für das, was Sie wollen, liefert im besten Sinne des Wortes Ihr „Schatz" der Erfahrung. Und der leuchtet in Ihrem Leben wie ein Rückspiegel vergangener Augenblicke zur Orientierung unentwegt auf. Wir müssen uns auf unsere guten Erfahrungen rückbesinnen können für den nächsten herausfordernden Schritt nach vorn.

George Foreman, mehrfacher Weltmeister im Schwergewicht, sagte einmal, seinen Siegen hätte er den Sinn gegeben, die nächsten Siege vorbereitet zu haben. Seine Angriffslust beispielsweise gegenüber dem Herausforderer Joe Frazier sei ihm „Modell" geblieben für alle weiteren Kämpfe danach.

Die Schläge des Boxers treffen ins zukünftige Ziel aus seiner stärkeorientierten Erinnerung vergangener Treffer heraus.

Es kommt also darauf an, sich erinnern und das Gedächtnis hierzu fit halten zu können. So entgegnete Floyd Patterson kurz nach seiner Niederlage gegen Muhammad Ali auf die Frage, woran es denn gelegen habe, dass er alles vergessen hätte, was er für den Weltmeisterschaftskampf eintrainiert hatte – vor allem auch seinen Mut und seinen Willen dazu. Richtig: Der Mut beruht auf dem Willen des Menschen, ihn (wieder) haben zu wollen. Mut kann der Mensch lernen wie das Fahrradfahren, und dann verlernt er ihn so schnell nicht mehr. Umgekehrt gilt es ebenso: Wird der Mut wenig trainiert, kommt er nicht zum Zug und verkümmert wie ein ungenutzter Muskel. Der Mensch kann sich aber, wenn er will, zum Mut tatsächlich zwingen, und dann kommt der Mut schließlich wie von selbst wieder.

Wer seinen Mut abrufbar im Hier und Jetzt zu aktivieren versteht, ist also im Vorteil.

Frank Helfer ging es da wie den meisten Menschen, er hatte seinen Mut in entscheidenden Momenten zu selten parat. Um Ihren Mut verfügbar in den Griff zu bekommen, sollten Sie ihn griffig parat machen.

18. Kreiere dein „Rope-a-dope“[8]

Haben Sie eine Herausforderung einmal gemeistert, sollten Sie auf Ihren Erfahrungswert dieser Selbstkompetenz zurückgreifen können, wenn's wieder drauf ankommt. Der Neuronenforscher würde diese erinnerbare Selbstwirksamkeit folgendermaßen konkretisieren: Was Sie einmal erlebt haben, wird in Ihrem Gehirnteil „Hippocampus“ als „Kontextlernen“ abgespeichert und steht Ihnen zukünftig als Erfahrungs- und Antwortschatz für Herausforderungen und Fragen des Lebens zur Verfügung. Unser Gehirn erkennt Erlebtes wieder und orientiert sich daran für das, was als Nächstes gelebt werden soll. Ihre Mutlogik benötigt also Markierungen zur Tat, ein für die Erinnerung griffiges „neuronales Design“. Sie erkennen etwas wieder, wenn Sie Ihrem Gehirn zuvor ermöglicht haben, so genannte Erkennungswerte zu installieren. Denken Sie an Foremans Sinn vergangener Siege, zukünftige Siege vorzubereiten. Zukünftige Chancen der Herausforderung erkennen heißt also vergangene Siege hierzu wieder erkennen.

Kehren wir beispielsweise zurück ins Restaurant, wo der Tischnachbar unmissverständlich Ihren Ehepartner beleidigt hat. Ihre Gefühle wallen hoch, Ihr Herz schlägt bis zur Schädeldecke, Messer und Gabel spüren Sie nur noch durch ein heißes Kribbeln in Ihren Fingern, und Ihnen schießt ebenso unmissverständlich nur noch ein Gedanke durch die Emotionsflut: Ich muss handeln. Hierzu hält Ihr Gehirn nun Ihre gesamte Geschichte zur Auswahl für Ihre nächste Handlung parat. Sie können (autobiografisch grob schematisiert) sabbern wie ein Säugling, heulen wie ein Schulkind, toben wie in der Pubertät, zittern wie ein Feigling, räsonieren wie Herr Oberschlau, schweigen wie im Zen-Kult, debattieren wie ein Alt-68er … – und so fort. Sie allein entscheiden, was Sie auswählen, und hierzu bestimmen wiederum Sie

8 Ringseiltaktik, siehe S. 132.

allein die Währung der Situation, wonach Sie handeln wollen. Manchmal entscheiden Sekunden, Ihrer Währung entsprechend entschlossen handeln zu können. Und dazu benötigt Ihr Gehirn markante Markierungen, um das (wieder) zu erkennen, was Sie beabsichtigen zu tun.

„Willst du etwa jetzt nach Hause gehen, dich selbst belügen und ab morgen heulen?“[9]

Da Sie hier nun ein Buch über den Mut und seine Faustregeln zu Ihrer Selbstführung lesen, stehen bestimmte Währungen nicht zur Disposition. Sabbern, Heulen, Zittern oder Schweigen – diese Verhaltensweisen dürften zu dem, was Sie möglicherweise als mutiges Handeln verstehen, nicht mehr passen. Was für Sie passt, erspüren Sie intuitiv. Das geschieht – meist unbewusst – in einem Abgleich zwischen dem, wie Sie sich selbst sehen (wollen), und Ihrer Einschätzung der jeweiligen Situation. Intuitiv meint hier, dass in Ihrem autobiografischen Gedächtnis und den dort gespeicherten neuronalen Landkarten (Körperbilder, Selbstkonzepte, Beziehungsstrukturen) emotional schnell bewertet wird, welches Verhalten, Denken und Fühlen in der herausfordernden Situation für Sie stimmig wirkt. Hier übrigens sind häufig die Ursachen depressiver Verstimmungen zu finden: Der Mensch

---

9 Als der Schwergewichtschampion Michael Moorer beim WM-Kampf gegen Evander Holyfield (am 22. April 1994 in Las Vegas) nach den ersten Runden bereits aufgeben wollte, hielt ihm sein Trainer Teddy Atlas in der entscheidenden Minutenpause in der Ringecke seine zum Klassiker gewordene „Morgen-wirst-du-weinen“-Ansprache, die in der darauf folgenden Runde zur Entmachtung von Holyfield führte: „Willst du, dass ich mit dir tausche – willst du das? Hör zu, dieser Kerl ist am Ende. Es kommt im Leben eines Mannes eine Zeit, wo er sich entscheidet, ob er nur leben, überleben oder gewinnen will. Du machst gerade genug, um ihn dir vom Leibe zu halten und zu hoffen, dass er dich in Ruhe lässt. Du belügst dich selbst, aber morgen wirst du weinen! Du belügst dich selbst, und ich würde dich auch belügen, wenn ich dich damit durchkommen ließe! Aber morgen wirst du deshalb weinen. Willst du morgen weinen? Dann belüg dich nicht!“ (Job, 2003, S. 207).

spürt, wie er sich entsprechend seiner Wünsche und Selbstbilder verhalten möchte, traut sich dazu aber nicht aus Rück-, Vor- oder Nachsicht und unterlässt sein stimmiges Handeln. Das Sinnbild des Boxers korrigiert eine solche Untreue zur Stimmigkeit und strebt die permanente Kohärenz mit sich selbst gerade in extrem herausfordernden Situationen an.

Schwäche federt zur Stärke vor

Nachdem Sie hierzu Ihrem Mut zum Ausdruck verholfen und seine Logik (wieder)erkannt haben, sollte diese Ihre (eher kognitive) Einsicht emotional griffig werden. Ihr Gefühl, mutig zu sein, bestimmt mehr Ihr mutiges Handeln als Ihre Einsicht zum Mut. Hierzu kehren wir noch einmal gedanklich kurz ins Restaurant zurück: Angenommen, Ihr Nachbar lacht sich selbstgefällig über seine Frechheiten gegenüber Ihrer Begleitung kaputt, während Sie gewissermaßen Halt in all Ihren Gefühls- und Gedankenfluten suchen, dann nützt es Ihnen hier nur wenig, allein mit markigen Gedanken nach dem Motto: „Irgendwie könnte ich dem doch grad mal …“ die Sache klären zu wollen. Handlungseinsichten liefern noch keine Handlungsimpulse. Allzu oft stecken wir derart im Clinch emotionaler Spannungen, klemmen in den Ecken zwischen Wut und Ohnmacht, zwischen Aggression und Angst fest und lassen uns davon lähmen anstatt zu handeln, weil uns gleichsam die rettende „Ringseil-Federung“ fehlt. Hierzu die Fortsetzung zur welthistorischen Begebenheit (siehe Kapitel 15, S. 110):

> **Muhammad Ali begriff gleich nach der ersten Runde, dass er gegen George Foreman kaum eine Chance hatte.** Dieser Mann ließ sich von Ali nicht bezwingen, hatte keine Angst vor ihm, schien sogar entschlossen, ihn zu vernichten. Dann die erste Kampfpause. Ali saß auf seinem Ringeckenschemel, und in seinen Augen entdeckten jene, die Ali gut kannten, zum ersten Mal eine tiefe Angst. Was sollte er tun? Das war der Augenblick, der alles entscheiden konnte. Hunderttausende Besucher im Stadion

blickten gebannt zum Ring und Millionen Fernsehzuschauer verfolgten weltweit dieses Ereignis, und nur wenige Sekunden trennten Ali vor seinem nächsten Schritt zur zweiten Runde. Da nickte Ali sich plötzlich selbst zu, als sagte er sich: Das ist deine Stunde, dein Augenblick, und du wirst es schaffen, du findest deinen Weg, zu siegen.

Nach dem Gong tat Ali etwas, das im Boxsport noch nie vorgekommen war. Foreman schlug wie ein Berserker auf Alis Kopf und Körper ein. Ali wich souverän aus und lief rückwärts zu den Seilen, lehnte sich weit nach hinten zurück, hing dort wie in einer Takelage zwischen Himmel und Hölle und wehrte Foremans Schlaggewitter traumwandlerisch ab. Diese Taktik, in den Seilen weit zurückgelehnt die gegnerischen Schläge zu parieren, zog Ali mehrere Runden durch. Foreman tobte vor Wut, drosch mit der gesamten Gewalt seiner Boxerexistenz auf Alis Körper ein, schlug sich so aber müde und landete durch Alis Rückenlage keine entscheidenden Treffer. Ali schöpfte währenddessen unsäglichen Mut und frage George Formeman inmitten seiner Prügelschwinger, ob das alles sei, was er zu bieten habe, mit solchen Schlägen könne er ja „noch nicht mal Popkorn knacken“.

Alis Mut hielt bis zum Kampfende und noch weit über dieses boxerische Weltereignis hinaus als Muthaltung der Unschlagbarkeit an. Kurz vor Ende der achten Runde tänzelte Ali, ausgeruht, als hätte der Kampf gerade erst begonnen, aus seiner Ringseilfederung hervor und schlug Foreman mit einer satten Links-Rechts-Kombination zu Boden. Diese Ringseiltaktik, weltberühmt geworden als „Rope-a-dope“, ist das Sinnbild der alles entscheidenden Haltung mutigen Handelns.

„I've seen George Foreman shadowboxing ...
... and the shadow won.”

„Rope-a-dope“, wörtlich übersetzt mit „das Seil, ein Aufputschtrick“, ist seither nicht nur als Boxtechnik standardisiert worden, sondern gilt zugleich als Metapher eines entscheidenden Systemumschlags aus einer schwachen Position in die Haltung der Stärke – frei übersetzt: „Sichere dir deine siegreiche Haltung!“

Entdecken auch Sie Ihren inneren Ort dieser für Sie alles entscheidenden Haltung. Manche Menschen müssen an bestimmte Grenzen kommen, um eine solche Haltung ergründen zu können.

Markierte Posituren des Mutes

Eine psychophysische Basis liefert Ihnen Ihr Mut (wie übrigens jede situations- und handlungserprobte innere Haltung) mit einer Art innerer Positur-Marker: körperlich spürbare und zugleich gedanklich nachvollziehbare Markierungen, die wie Stichwortgeber Ihr Fühlen, Denken und Handeln vorprägen. Solche Positur-Marker strukturieren unsere inneren Haltungen des Handelns und gestalten damit unser Leben unverwechselbar für uns und andere Menschen. (Der Begriff „Positur“ soll hier die Aspekte der körperlich-emotional geprägten Posen, Gesten, Gebärden als individuell artikulierte Körpersprache unterstreichen.)

Sie haben es im Griff, Ihren Mut in den Griff zu kriegen: Ihr „Rope-a-dope“ tief greifender Lebensentscheidungen. Und Ihr Tischnachbar, zurechtgewiesen, weicht zurück. Für diese Positur-Marker (im Fachjargon der Neuronenforschung „somatische Marker“ genannt) kennzeichnen Ihre körperlich aktiven Neuronen das vor, was an Gefühlen, Gedanken und Handlungen folgt.

„Der Körper erweist sich hier als ein Aspekt der härteren Realität (gegenüber der Psyche, K. H.), der vorschreibt, was getan werden muss.“ (Simon 2000, S. 57) Mit „vorschreiben“ wird natürlich kein kausal-trivialer Münzeinwurf-Mechanismus im Sinne von „Geld rein – Päckchen raus“ angenommen. Gemeint ist also zum Beispiel nicht:

Ich muss mich körperlich-emotional nur zusammenreißen, dann habe ich mich psychisch automatisch im Griff. Vielmehr: Der Körper kann Ihren Systemen der Psyche und der Beziehungskommunikation als eine Art „Medium“ dienen, um hier festgefahrene Gewohnheitsmuster mal so richtig durcheinanderzubringen. Körperliche Erlebnisse können uns da sogar bis zur „Hyperinstabilität“ (Simon 2001b, S. 86 f.) verstören. Dann werden die Karten der Neuronen gleichsam neu gemischt. Denn in unseren Gehirnen werden neuronale Muster zumeist durch „Instabilität“ umstrukturiert (Schiepek 2004, S. 148).

Wie spannend kann hiernach unser Weg der autonomen Selbstführung werden, neue Alternativen aus unserem Erfahrungsschatz zu reaktivieren: Positur-Marker des Mutes. Diese „Kurzbotschaften des Erfahrungsgedächtnisses“ (Roth 2007, S. 142) können wir mobilisieren im Sinne unserer Wünsche, Werte und Lebensziele. Denn was wir hier als Positur-Marker zu einer beabsichtigten Handlung gleichsam abrufen, ist ein ungeheurer Vorrat unserer Erfahrungen für die unterschiedlichsten Kontexte unseres Alltags, sind die „vergangenen Siege für den nächsten Sieg“. Und sollten Sie hier einwenden, solche „Siege“ noch nicht oder viel zu selten erlebt zu haben, liegt Ihre Chance dazu im Dialog mit Ihrem Mut und seiner darstellbaren Haltung zum Leben.

In jedem Augenblick Ihres Lebens sind Sie frei genug, so zu handeln, wie Sie es sich wünschen.

19. Gestalte deine Mut-Marker griffig

Wissen Sie, was die eigentliche Stärke von Muhammad Ali war? Etwa sein einzigartiges Tänzeln? Sein laserschneller Erkennungsblick? Seine große Klappe? Oder seine pfeilschnellen Jabs? Seine unübertrefflichen Schlagkombinationen?

Nein. Alis grundlegende Stärke war sein Glaube an sich selbst. Mit diesem felsenfesten Selbstglauben rief er vor jedem Kampf diejenigen Bilder, Gedanken und Körperzustände wach, die seiner Kampfhaltung dann zum Sieg verhalfen. Das hatte legendäre Methode. Eine solche Methode war nicht nur zwischen den Ringseilen sinnvoll. Ali konstruierte regelrecht seine bevorstehenden Kämpfe zu vorherseh- und voraussagbaren Ereignissen mit meist treffsicheren Ergebnissen. Vor entscheidenden Kämpfen sagte er sogar die Rundenzahl an, in der er dann auch meist seine Gegner tatsächlich ausknockte. „Sonny Liston is great, but he'll fall in eight."[10] Und nach diesem Prinzip der Selbstkonstruktion gestaltete er auch sein Leben jenseits der Seile. Sein Spruch, er sei der Größte, war eben nicht nur ein Spruch.

Alis Erzählungen von sich selbst bewältigten die Herausforderungen seiner Kämpfe.

Für Ihre mutigen Selbsterzählungen bietet auch Ihnen das Mentaltraining des Boxers einen hervorragenden Zugang zur inneren Haltung Ihres Lebensmutes an. Eine Gehirnfitness für die Heldinnen- und Helden-Natur eines jeden Menschen. Diese Lebensmuthaltung finden Sie heraus, indem Sie auf das achten, was Sie in herausfordernden

---

10 Cassius Clay 1964 über den damals amtierenden Weltmeister: „Sonny Liston ist großartig, aber er wird in der achten Runde fallen."

Situationen als Ihren persönlichen inneren Ressourcenzustand zum Mut körperlich, emotional und geistig erspüren. Bevor wir das für Sie gleich flexibel-schnell und griffbereit gestalten (siehe Seite xxx), bedarf es zuvor einer ausführlicheren Erarbeitung, damit Sie wissen, auf was Sie sich konzentrieren sollen:

Ihre griffbereiten Mut-Marker

- Bestimmen Sie zuerst einmal die Situation, in welcher Sie mutig handeln wollen.
  - Nehmen wir als Beispiel wieder Frank Helfer. Er wollte von seinem Projektleiter endlich die lange überfällige Anschaffung einer Software fordern, ohne die das Projekt immer mehr verzögert wurde.
- Besinnen Sie sich auf Ihre in den vorangegangenen Kapiteln bisher ergründete Mutlogik und deren für Sie wichtigsten Aspekte der Haltung.
  - Für Frank Helfer waren dies das Selbstvertrauen des Mutes, seine ungeheuere Kraft, seine Selbstbestimmung und Selbstakzeptanz und ein hierdurch ermöglichtes Nicht-mehr-nach-der-Meinung-anderer-Menschen-Gieren.
- Erinnern Sie sich an eine Situation in Ihrem Leben, in der Ihnen Ihr Mut optimal zur Verfügung stand.
  - Natürlich war es für Frank Helfer das Boxen, und zwar ab dem entscheidenden Augenblick, in dem er sich (wie Ali) entscheiden musste zwischen Niederlage und Sieg. Hierbei hatte er, um siegreich treffen zu können, Treffer einstecken müssen.
- Nun gilt es, Ihre individuellen Mutgriffe für Sie zu (er)finden. Mit diesen praktikablen Signalen lassen Sie in den herausfordernden Situationen die Positur-Marker Ihres Mutes als konkretes Handeln wirksam werden. Diese Mutgriffe funktionieren wie abrufbare Erinnerungswerte, mit denen Sie Ihren Mut gleichsam wachrufen (so wie Sie sich etwa bei einer be-

stimmten Musik als „Griff" an einmalige Erlebnisse erinnern mögen).

- Da hatte Frank Helfer nicht lange zu überlegen: Das Repertoire des Boxens bot ihm eine handfeste Fundgrube solcher Erinnerungswerte an. Als beliebter Boxer-Talisman zur Mut-Erinnerung dient vielen Klienten der kleine lederne Boxhandschuh, transportabel in Jacketts oder Kostümjacken, unter Autorückspiegeln, auf Schreibtischen, vor Morgenspiegeln ...

- Wir erinnern uns an prägende Erlebnisse meist mit unterschiedlichen Merkmalen: Der Erfolgsapplaus nach einem gelungenen Vortrag, der Einschulungstag unserer Kinder, der Sonnenuntergang auf einer texanischen Ranch oder die erste Begegnung mit unserem Lebenspartner können uns in unterschiedlichen Regionen unseres Gehirns erinnerbar bleiben, abgespeichert in Form von Bildern, Gefühlen, Gedanken, Phantasien, Gerüchen, Körperzuständen. Daher ist es ratsam, die Positur-Folie Ihrer Mutlogik und deren entsprechende Haltung in möglichst verschiedenen Gehirnbereichen erinnerbar zu markieren, beispielsweise mit einem Bild, einer Körpergeste, einem Motto.
  - Frank Helfer fiel als erstes Bild sein rechter Treffer auf meine linke Kinnpartie ein, sein roter Boxhandschuh, der inmitten meiner Angriffsschläge sauber-satt durchkam; als Körper-Marker wählte er das für die boxerische Kopfhaltung typische „Kinn auf die Brust mit Boxerblick nach oben"; sein Motto lautete: „Da musst du durch! Denk an dich selbst!"

- Gefühle steigen auf Gipfelerlebnissen hoch an. Genau an diesem Punkt markieren Ihre Erinnerungswerte am nachhaltigsten, was Sie gerade erleben. Versetzen Sie sich hierzu also noch einmal in Ihr Muterlebnis intensiv hinein und lassen Sie die Stimmung dieser Situation, Ihre Gefühle und Körperzustände, die Sie gehabt haben, Ihre Gedanken, Impulse, inneren Bilder, Gerüche, Geräusche und was alles dazugehört noch einmal auftauchen. Lassen Sie sich Zeit und gehen Sie dabei vor allem Ihren körperlichen Zuständen nach:

- Wo spüren Sie Ihre Energie am stärksten? Im Rücken, in den Armen, in den Händen, Ihrem Bauch, in der Brust, den Schultern, den Beinen, im Kopf …?
- Wie sieht die typische Körperhaltung Ihres Mutzustandes aus? Aufrecht, vorgebeugt, zurückgelehnt, gelassen, gespannt, locker, angriffslustig, gewährend …? Wie also hält sich Ihr Mutanteil, wenn er mutig ist?
- Welche Gefühle leben in Ihnen auf? Was sind die für Ihre Muthaltung typischen Emotionen? Aufgeregt, ausgeglichen, befreit, belebt, begeistert, energiegeladen, entschlossen, ekstatisch, energisch, entspannt, erfüllt, ergriffen, gelassen, gespannt, kraftvoll, gefasst, lebendig, locker, motiviert, optimistisch, schwungvoll, selbstsicher, selbstzufrieden, überschwänglich, unbekümmert, unbeschwert …?
- Und dann: Was macht Ihr Atem? Atmen Sie schnell, tief, ruhig, langsam, flach oder hastig? Und passt Ihr Atemmodus zu Ihrer erwünschten Muthaltung? Wollen Sie hier nachbessern?
- Frank Helfer hatte von sich aus einiges nachbessern wollen. Er unterschied zwischen den situationsspezifischen Zuständen seiner Muthaltung während des Boxens und dem Moment seiner Erinnerung daran. Während des Boxens ging sein Atem schnell, er war aufgeregt und hatte mitunter weiche Knie bekommen. Das aber wollte er so nicht alles eins zu eins markieren, auch wenn es seinen Mut begleitet hatte. Seine emotional-mentalen Positur-Marker zur Muthaltung, die er griffig markieren wollte, sollten eher einem (re)präsentablen Extrakt gleichen, den er jederzeit und überall kompatibel einsetzen konnte. Er schuf also, während er sich an seine boxerische Muthaltung erinnerte, eine dabei wirksam werdende und doch etwas abweichende neue Erlebnisweise dieses Habitus. Dazu spürte er seine Energie in Armen, Schultern und Brustbereich; er hielt sei-

nen Körper leicht zurückgelehnt und blieb dabei locker, leicht gespannt, aber gelassen und dabei doch angriffslustig; das passte auch zu den Gefühlen seiner Muthaltung: kraftvoll gespannt, gelassen entschlossen, zuversichtlich selbstsicher; und dabei atmete er (ganz anders natürlich als im Ring) in seiner Muthaltung tief und ruhig und langsam ein und aus.

- Nun kommt es für Sie darauf an, während Sie sich augenblicklich an all Ihre erlebten Ressourcenzustände erinnern, den Höhepunkt abzupassen, wo das am intensivsten ist. Kurz bevor das alles wieder abflaut, verändern Sie Ihre Position, aus der heraus Sie sich soeben erinnert haben (setzen sich vielleicht woanders hin, stehen auf, legen oder lehnen sich nach hinten, wie auch immer). Mit diesem Positionswechsel kennzeichnen Sie den Unterschied der Intensität Ihrer Ressourcenerinnerung. Damit können Sie gleich besser Ihre Erinnerungswerte griffbereit markieren.
  – Frank Helfer schloss dazu sitzend die Augen und erlebte wie in einem Zeitraffer intensiver Dichte, so erklärte er mir später, die dritte Boxrunde mit mir noch einmal nach. Dabei mischten sich bereits die zuvor ausgewählten Erinnerungswerte (Mutgriffe: Boxhandschuh, Kinn-auf-die-Brust, „Denk an dich selbst!“) verständlicherweise mit all denjenigen Bildern, Gedanken und Körperzuständen seines Mutzustandes, den es mit den ausgewählten Mutgriffen zu markieren galt. (Diese Mischung aus Signal und Signalisiertem, aus „Griff“ und Begriffenem, liegt in der Natur der neuronalen Gedächtnisleistung unseres Gehirns – wie unsere Sprache, die sich selbst bespricht.) Herr Helfer reckte und streckte sich kurz, als die Boxerinnerung schwächer zu werden begann. Damit ermöglichte er seinem Gehirn ein Intensitätsmerkmal „stark – schwach“, das einen Erinnerungspunkt lieferte, mit welcher „Ladung“ die Muthaltung gleichsam energetisiert werden sollte.

- Jetzt markieren Sie mit Ihren ausgesuchten Signalen die Positur-Folie Ihrer Muthaltung. Erleben Sie hierzu Ihr Muterlebnis mit all den dazugehörigen Ressourcen noch einmal und spüren Sie wieder allen hierbei charakteristischen Zuständen Ihrer Haltung nach. Und wenn es zum erneuten Höhepunkt kommt, verknüpfen Sie Ihre drei Signale als Mutgriffe mit den nun vollauf spürbaren Positur-Markern Ihrer Muthaltung: Sehen Sie Ihr Bild, sagen Sie sich Ihr Motto, nehmen Sie Ihre Körperhaltung ein!

  Halten Sie mit Ihren Griffen diesen Zustand so lange Sie wollen fest – Ihren Erinnerungsschatz, mit dem Sie Ihre Muthaltung in den Griff kriegen.

  Dabei ist es ratsam, eine Reihenfolge der Griffe festzulegen, die sich nach Ihrer gewohnten Motivierbarkeit richten sollte. Womit legen Sie gewöhnlich als Erstes los, wenn es losgehen soll? Sagen Sie sich zuerst Ihr Motto und lassen dann Ihr inneres Bild auftauchen, dem Ihre Körperhaltung folgt? Oder nehmen Sie zuerst eine bestimmte Haltung ein und sehen dann ein Bild vor sich mit Ihrem Motto? Mit dieser Reihenfolge nutzen Sie die Arbeitsweise Ihres Gehirns, auf Herausforderungen des Alltags in einem bevorzugten Ablauf neuronaler (Re-)Aktionen zu antworten. Sie nutzen damit das, was Sie aus Ihrer Erfahrung heraus immer schon anwenden, wenn es drauf ankommt.

  – Frank Helfer wählte als ersten Griff für seine Muthaltung das Bild seines durchschlagenden Treffers, sodann die leicht zurückgebeugte Körperposition mit gesenktem Kinn, und sein Motto gab dem Ganzen die nötige Sinnrichtung.

- Bevor es nun für Sie losgehen kann, möchte ich Sie noch kurz vor einer menschlich allzu möglichen Gefahr wappnen: Wir Menschen haben nicht nur unsere bewährten Muster, nach denen wir unser Leben konstruieren und leben. Uns packen auch oft unsere Rückfallmuster am Nacken, ziehen uns zurück und hindern uns zu tun, was wir tun wollen. Damit Sie Ihre Muthaltung zum richtigen Zeitpunkt einsetzen, sollten

Sie Ihre Signale kennen, die genau dann auftauchen, wenn Sie beispielsweise wieder vor dem entscheidenden Konfliktgespräch ausweichen und wie gewohnt schweigen oder gar zustimmen wollen. Legen Sie also ein Signal fest, das Sie wissen lässt, wann es in herausfordernden Situationen für Sie kritisch wird und Sie, statt wieder ins Rückfallmuster zu rutschen, Ihre Muthaltung griffbereit in Aktion setzen sollen. Dieses Signal wird Sie daran erinnern, Ihre Mutgriffe zu greifen.

- Ob nun bei seinem Projektleiter, seiner Chefin oder gleichgestellten Kollegen, Herr Helfer spürte, wenn es für ihn kritisch wurde, gleich drei solcher Rückfallsignale für seine typischen Ausweichmuster: ein Kribbeln im Nacken, eine Kopfstimme und seinen flachen Atem. Sobald auch nur eines dieser Signale wieder auftauchte, rief er seinen ersten Mutgriff, sein Treffer-Bild, auf und senkte vorsichtshalber schon mal sein Kinn. Und je öfter er das praktizierte, umso intensiver verbanden sich neuronal seine (alten Rückfall-) Signale mit dem ersten Griff zur neuen Muthaltung. So konstruierte Frank Helfer seine Rückfallsignale zu Ringglockenzeichen einer Vorwärtshaltung um.

Sie können sich (fast) darauf verlassen: Je dominierender Ihre körperlich-emotionalen Positur-Marker aktiv(iert) werden, umso mehr üben diese psycho-physischen Zustände eine Art Sogwirkung aus. In der Forschung heißen solche attraktiven Anziehungspunkte „Attraktoren-Kerne“ (Ciompi 1999, S. 182), die eine spürbare Kraft-Kontur für nachfolgende Veränderungsprozesse nach sich ziehen und wo sich „eine Zeit lang alles Denken gewissermaßen fängt“ (Ciompi 1998, S. 89). Und damit Ihnen die komplexen Schritte zu Ihrer Muthaltung zur systematischen Gewohnheit werden können, fasse ich Ihre Muthaltung als Attraktor-Kern griffig zusammen:

Ihre Muthaltung

1. Bestimmen Sie eine Ihrer zukünftig herausfordernden Situationen.
2. Besinnen Sie sich auf die wichtigsten Aspekte Ihrer Mutlogik.
3. Erinnern Sie sich an Ihr einprägsamstes Muterlebnis.
4. Wählen Sie Ihre markanten Mutgriffe (bildlich, körperlich, sprachlich) aus.
5. Lassen Sie all Ihre Zustände (emotional, mental, körperlich) Ihres Muterlebnisses noch einmal intensiv gegenwärtig werden.
6. Sobald der Höhepunkt Ihrer Muterinnerung nachlässt, markieren Sie diesen Wechsel durch eine veränderte (Körper-)Position.
7. Jetzt kommen Ihre Mutgriffe: Erleben Sie noch einmal Ihr Muterlebnis bis zum erinnerbaren Höhepunkt und setzen Sie dort Ihre Mutgriffe in einer von Ihnen bestimmten Reihenfolge.
8. Bestimmen Sie eines Ihres Rückfallsignale als Ringglockenzeichen Ihrer zukünftigen Muthaltung.

Sie haben alles, was Sie brauchen – Sie müssen es nur markieren und wiedererkennen.

Aus der Mutlogik der hiernach eingeübten (boxerischen) Haltung heraus resultieren Erlebnisse, die sich im Gehirn faktisch niederschlagen – in „affektiv-kognitiven Schienen, an denen entlang sich der Bewusstseinsfokus dann in selbstähnlichen Mustern bewegt" (Ciompi 1999, S. 169). Das heißt: Ihr Denken gleicht sich in seinen neuronalen Strukturen dem an, was Ihre emotional-mentalen Erfahrungen neuronal vorgeprägt haben, entweder durch tatsächlich erlebte Ereignisse oder aber (wie oben angeführt) durch Ihre Imaginationen dessen, was Sie zukünftig erleben wollen. Denken Sie an Muhammad Alis Geniestreiche, mit denen er durch seine Imaginationskraft manche seiner zukünftigen siegreichen Geschichten erfunden, sich und der Welt erzählt und dann auch genau so erlebt hat: „In der achten Runde wird er fallen."

Damit folgen Sie übrigens einem Naturgesetz der „Fraktalität", der sich selbst ähnlich bleibenden Strukturmusterungen unseres Lebens. Kreise ziehen Kreise nach sich, Druck erzeugt Gegendruck, Winde verbinden sich nur mit Winden, einem Lachen folgt ein Lachen, Kraft generiert Kraft – Mut er-findet erneut Mut. Genau darin liegt für Sie die Chance Ihrer Mutlogik, einen für Sie typischen, individuellen und nur auf Ihre Bedürfnisse und Werte ausgerichteten Fühl-, Denk- und Verhaltensstil erschaffen zu können. Dieser Ihr Stil folgt seiner eigenen Fraktalität. Und die Kette Ihrer Mutlogik hierzu beginnt allein bei Ihnen: Straffen Sie Ihren Körper, und Ihre Stimmung, Ihr Fühlen, Denken und Handeln straffen sich auch. Kreieren Sie so Ihren persönlichen Sieg in der nur für Sie wichtigen Runde!

20. Auf deine Werte kommt es an

Begründen unsere Haltungen die Handlungen unseres Alltags, so werden unsere Haltungen wiederum durch unsere Werte begründet. Unser Tun und Treiben samt Denken und Gefühlen resultieren aus Impulsen. Und so handeln wir stets aufgrund von etwas und zwecks etwas, das unterschieden ist von unserem Handeln. Zwischen dem, was uns aus der Vergangenheit an Werten mitgegeben worden ist, und dem, was uns als Handlungsziel zukünftig aufgegeben wird, ereignet sich unser gegenwärtiges Leben: „action between push and pull“[11].

Selbst äußerliche Antreiber (beispielweise der Chef will was, die Werbung suggeriert was, der Arzt verbietet was) können unser Tun nur bestimmen, wenn dadurch bestimmte Werte in uns aktiviert werden. Sollten wir dann auch etwas tun („Der Chef will …“), was uns nicht passt („…, obwohl ich eigentlich …“), stecken wir im menschlichen Dilemma fest, das meist einem inneren Wertekonflikt (Loyalität vs. Autonomie) entspricht. Wer in der Komplexität seiner Werte eine Entscheidung getroffen und sich innerlich überzeugt hat von dem, was er will, den hält in seinem Handeln dann so schnell nichts mehr auf. Das verdichtet Friedrich Nietzsche philosophisch: „Wer sein Warum und Wozu gefunden hat, erträgt fast jedes Wie.“ Oder, ökonomisch formuliert: Wer seine Währung kennt, weiß, welche Preise er für welche anderen Preise zahlen will – und welche nicht.

„Werte“ – das sagt sich so leicht und oft nur so daher. Wer aber reflektiert in seinem Alltag selbstkritisch, welche Werte seine Haltungen hinter den Handlungen begründen? Welche Werte steuern Ihre Handlungen? Auf welche Werte kommt es Ihnen tatsächlich an? Worauf legen Sie Wert? Was ist Ihnen wichtig?

---

11 Handeln zwischen Druck und Zug.

Schon mal nicht gewertet?

Wir wählen und verwerfen unser Leben lang, halten hier den Daumen hoch und senken ihn dort. Dahinter stecken seit menschlichen Urzeiten neuronal aktive Unterschiedsmacher: unsere Gehirnzellenverbände. Was auch immer uns im Leben begegnet, es wird von unseren emotionalen Gehirnregionen bewertet: okay oder nicht okay. Wir können nicht nicht werten. Und je öfter wir von Kindesbeinen an so Stellung bezogen haben, umso beständiger richten sich diese Bewertungen in uns zu Startpflöcken, Wegweisern, Leuchttürmen oder visionären Nordsternen unserer Lebenswege auf. Das verdichtet sich in unseren Neuronen-Ensembles zu fest gefügten und damit immer wieder abrufbaren Gehirnzellenkarten, an denen wir uns orientieren können. Je öfter bestimmte (emotionale, rationale, motorische) Neuronengruppen gleichzeitig aktiviert werden, desto schneller entstehen dadurch übergeordnete „komplexe Erregungsmuster“, so genannte Neuronenverbände, die gemeinsam eingeübt auftreten (Grawe 2004, S. 63, 65, 67).

Die Welt, schreibt der amerikanische Philosoph Ralph Waldo Emerson, mache demjenigen Platz, der weiß, wohin er will. Ein solcher individualisierter Handlungswille resultiert aus einem selbstsicheren Wertebewusstsein heraus. Gefragt jedoch, welche Werte denn ihr Leben bestimmen würden, werden Menschen häufig um konkrete Nennungen verlegen, weil ihnen die entsprechenden Wertenamen nicht geläufig sind. Die folgende Auswahl an Werten kann Ihnen helfen, Ihre „Werte“ benennen zu können:

Werte

Familie, Reichtum, Selbständigkeit, Ehe, berufliches Ansehen, Loyalität, Glück, Respekt, Kreativität, Anerkennung, Gesundheit, Liebenswürdigkeit, Hingabe, Aktivität, Lernen, Spaß, Autonomie, innere Balance, Liebe, Disziplin, Lernfähigkeit, Zivilcourage, Spiritualität, Freiheit, Sicherheit, Entscheidungsfähigkeit, Verantwortung, Schönheit, Lebensfreude, Zuverlässigkeit, gute Beziehungen, Religiosität, Sparsamkeit, Führungsqualität, Selbstakzeptanz, Gefühlsbindung, Vertrauen, Selbstbestimmung, Pflicht, Perfektion, Harmonie, Wissen, Offenheit, Sympathie, Toleranz, Mut, Gleichberechtigung, Weisheit, Authentizität, Hilfsbereitschaft, Teamgeist, Akzeptanz, Erfolg, Ehrlichkeit, Individualität, Wertschätzung, Ausgeglichenheit, Ordnung, Zufriedenheit, finanzielle Sicherheit, Intelligenz, Schlagfertigkeit, analytisches Denken, Attraktivität, Integrität, Selbstvertrauen, Leidenschaft, Risiko, Freundschaft, der/die Beste sein, Orientierung, Kontrolle, Unabhängigkeit, Gerechtigkeit, Verbindlichkeit, Persönlichkeitsentwicklung, Macht, Helfen, Herausforderung, Ehrgeiz, Engagement, Humor …

Sie können nur um etwas mutig kämpfen, wenn Sie Wert darauf legen und wissen, worum es Ihnen dabei geht.

Der konstruktivistische Ansatz unserer Lebenspraxis sollte bei den hier angegebenen „Werten" berücksichtigt bleiben: Was wir Menschen mit den uns verfügbaren Worten als unsere individuellen „Werte" benennen, ist subjektiv gültig und kann damit objektiv nicht verallgemeinert werden. Was Sie beispielsweise unter „Freiheit" verstehen mögen, weicht von meinem Wertverständnis der Freiheit möglicherweise ab.

Der Mensch bezieht Begriffe seines Wortschatzes auf etwas, das vorerst nur er innerlich wie äußerlich wahrnimmt. Geht es um individuelle Werte, dann bezeichnen wir mit den jeweiligen Begriffen emotional wirksame und für uns spürbar vertraute Neuronenverbände. Zum Beispiel wirkt „Pflicht" in uns emotional anders als etwa „Autonomie". Darum sollte ich es nicht allein dem „glücklichen" Zufall überlassen, bei meiner Ehefrau, meinem Chirurgen, meinem Kunden oder meinem Boxpartner auf ein gleiches Verständnis zu stoßen, wenn es beispielsweise um den Wert „Vertrauen" geht (zumindest für die gemeinsam zu verbringende Zeit). Dies sollte uns gleichsam als konstruktivistische Hinterkopffolie davor bewahren, unsere Gedanken über „Werte“ mit hieb-, stich- und dingfesten Fakten zu verwechseln.

Werte fürs Selbstsein

In den Seminaren zur Selbstführung und Lebensbalance zeigt sich häufig (und das lässt sich, denke ich, auf menschliche Gesellschaften generell übertragen): Die meisten Menschen sind sich ihrer Werte (-Begriffe) selten wirklich bewusst. Werte funktionieren im Leben meist wie so genannte Hausfrauenarbeiten: Erst wenn was nicht stimmt, wenn etwas nicht mehr in Ordnung ist oder nicht mehr wie gewohnt „auf den Tisch“ kommt, wird bewusst, was uns da fehlt. Werte (und die entsprechenden emotionalen Bewertungen) begründen, was Sinn für uns hat. Das aber spüren wir oft erst dann, wenn es eben keinen Sinn mehr hat, wenn uns etwas in die Quere kommt, uns verletzt, uns hindert – oder sobald wir uns selbst aufgrund von nicht gelebten Werten (aufgrund eines Dilemmas) behindern, etwas zu tun, was wir eigentlich tun wollen.

Werte entscheiden, was erstrebenswert ist, und unsere Wert*haltung* entscheidet, ob sie lebenswert sind.

Den Fundus an empfehlenswerten Expertenbüchern über menschliche Werte will dieses Buch nicht um ein weiteres Kapitel vervollständigen, doch um etwas Grundlegendes ergänzen:

Die Haltung des Boxers während eines Kampfes steht, so behaupte ich, in den gesellschaftlichen Wertephänomenen einzigartig als Sinnbild derjenigen psychischen Wertehaltung da, die konsequent „Ja“ zum Menschen sagt.

Das Boxen begreife ich als eine einzigartige Metapher für unseren Kampf um menschliche Seinshaltungen. Haben Sie unter diesem Aspekt schon mal einen Boxkampf betrachtet? Was tun diese Menschen da, außer um den Sieg, das Geld, Ansehen, Macht und Anerkennung zu kämpfen? Boxer kämpfen immer auch – und vielleicht im Grunde ausschließlich – um ihr Selbstsein!

Der Mensch traut sich oft nicht, in seinem Selbstverständnis dort er selbst zu bleiben, wo sein Selbstsein gefordert ist: in der emotionalen Konfrontation der je eigenen Kontur gegenüber dem Einfluss eines anderen Menschen. Meist verwehrt uns unsere eigene Angst vor dem Verlust sozialer Anerkennung oder harmonischer Atmosphären, die eigenen Werte zu verteidigen.

Der Fall von Frank Helfer hat beispielhaft gezeigt, wie schnell der Mensch Konfrontationen ängstlich ausweicht, weil ihm nicht klar ist, um welche Werte es ihm eigentlich geht. Mit seinem Selbstdialog hat Frank Helfer sich dann bewusst machen können, um welche Werte zu kämpfen sich wirklich lohnt. Helfers Mutanteil und seiner Muthaltung ging es um fundamentale Werte: Selbstbestimmung und Freiheit, Risikofreude und Sicherheit, um Selbstakzeptanz, Selbstvertrauen und Selbsttreue. Diesen Werten gegenüber hatte Helfer bisher keine Haltung gehabt. Im Gegenteil, er beging seinen Werten gegenüber permanent Unterlassungssünden der Untreue. Helfers chronisches Vermeidungsverhalten, Rücksicht zu nehmen auf andere Menschen, verhinderte ein für ihn sinnerfülltes Leben. Zudem resultierte sein fehlendes Wertebewusstsein in seinem Fühlen, Denken und Handeln in einem affektiven Negativ: Helfers Angstfaktor entsprang seiner Untreue zu sich selbst.

Dem Plus auf seinem Beziehungskonto („Mach es anderen recht ...“) stand ein sattes Minus auf dem Selbstkonto („... und verleugne dich dabei selbst“) gegenüber. Sobald der Mensch aber die unterschiedlichen Kontoführungen seines Selbstsystems vornehmlich nach fremden Wertmaßstäben eicht, kippt er rein rechnerisch leicht ins Ungleichgewicht, was ebenso leicht Angst auslösen kann. Helfers Angst vor Konfrontationen mit anderen Menschen resultierte aus der fehlenden Wertehaltung sich selbst gegenüber. Sein Mut-Anteil beim Boxen hatte ihm dann klar machen können, worum es Frank Helfer in seinem Leben tatsächlich ging. Zwar packte ihn beim Boxen nach wie vor noch seine Angst vor der Konfrontation und machte ihm weiche Knie. Aber genau das bot ihm seine überfällige Prüfung: Er hielt seiner Angst Stand, weil ihm klar geworden war, worum es ihm ging und was von nun an wichtig werden sollte – im Ring und damit zugleich jenseits aller ihn begrenzenden Seile dieser Welt. An dieser emotionalen Grenzlinie einer Wertehaltung einmal angelangt, wollte Frank Helfer sich nicht mehr alles von sich selbst gefallen lassen. Aus der erlebnisaktivierten Muthaltung konnte er seiner Angst in den bedrohlichen Augenblicken des Boxens selbstwertsicherer begegnen als aus seiner Einsicht allein heraus. Diesen emotionalen Rückhalt schöpfte er aus der Neubewertung seiner selbst.

Unser Mut zur Wertehaltung ist eine Mentalenergie von Selbstwert-Impulsen.

21. Werte-Haltungen essen Ängste auf

Die Coachingprozesse beweisen immer wieder: Was dem Menschen seine Angst vor der Angst nehmen kann, das sind seine Wertehaltungen, die bestimmen, worauf es ankommt in seinem Leben. Das ist ein Unterschied ums Ganze: Nicht die Werte, sondern die Haltung zu den Werten kappt die Angst eines Menschen vor seiner Angst. Die Angst selbst bleibt dem Leben treu. Doch die Angst vor der Angst (wie das Beispiel von Frank Helfer gezeigt hat) verschwindet, wenn entschlossen Werte gewollt und verwirklicht werden. Zwei emotionale Gleichungen mögen das simplifizieren:

Mut ist Angst mit Wertehaltung: M = A + Wh
Verzweiflung ist Angst ohne Wertehaltung: V = A - Wh

Dabei, nochmals, kommt es in unserem Zusammenhang weniger auf die jeweiligen Sinninhalte von Werten an, sondern es geht um Ihre Entschlossenheit, Werte zu wollen. Ihr Wertewille ist gefragt. Denn sobald Sie sich für diesen oder jenen Wert entschieden haben, gestalten Sie prägende Unterschiede in Ihrem Leben. Was ich Ihnen auf den Werteweg Ihrer Selbstführung mitgegeben möchte, ist ein Verständnis für die Haltung zu dem, was Ihnen wertvoll und wichtig und hilfreich sein mag für das, was Sie als Lebensziel erreichen wollen. Kein Wert (also welche Benennung welcher entsprechenden Neuronen-Karten auch immer) bewirkt etwas für sich allein. Erst Ihre Haltung dazu macht es.

Was aber macht diese Haltung aus?

Nun haben wir bereits ausführlich die Muthaltung zu Ihren entsprechenden Handlungen erörtert. Sodann haben wir besprochen, inwieweit Ihre Werte wiederum diese Ihre Haltungen zu den darauf folgenden Handlungen begründen. Dehnen wir das mal kurz in die Zeitlupenschritte eines Boxerschlags:

Ihr *Wert* „Risiko“ beispielsweise begründet Ihre taktische Haltung, mutig ins Schlaggewitter des Gegners einzutauchen.

Diese *Haltung* „riskiert“, selbst Treffer einzustecken, um das Ziel Ihres alles entscheidenden Schlages zu erreichen.

Bei diesem Zeitlupenbild fragen wir: Folgt hieraus allein schon Ihr nun zu erwartender Schlag als „riskante“ *Handlung*?

Werte wollen können

Der Boxer und der Neuronenforscher würden schmunzeln. Der Wert „Risiko“ (bleiben wir bei diesem Werte-Beispiel) kann als eingeübter und so benannter Neuronenverband Ihre Muthaltung und Schlag-Handlung bis zum konkreten Treffer nur „anfeuern“, wenn der Wert (Neuronenverband) von Ihrem Gehirn selbst zuvor angefeuert worden ist. Ihr Wert muss gewollt und entschlossen wirksam werden. Das macht die Wertehaltung, das macht Ihren Wertewillen aus. Da wir uns hier wieder auf das Gebiet der Gehirnwissenschaft begeben müssen, es aber nicht allzu kompliziert machen wollen (der Boxer nimmt ohnehin den kürzesten Weg der Geraden und feuert sie gleich ab), sei nur so viel zusammengefasst:

Neurologischer Schaltplan: Mutlogik und Wertewille[12]

- Ihre Gedanken im Großhirn wägen ab, was getan werden könnte (präfrontaler Kortex), und checken hierzu den Detail-Kontext Ihrer Umwelt nach einem Für und Wider ab (orbi-

12 Siehe auch „Neurologische Schaltplan-Praxis“ in Kapitel 22, S. 158.

tofrontaler Kortex); dieser Kortex-Bereich hat zudem eine „Brückenfunktion“ zum limbischen System und kann Ihre emotionale Motivation beeinflussen (Schiepek 2004, S. 171).

- Die Ringglocke für Ihren Kampf um das, was Ihnen von diesen gedanklich durchgecheckten Optionen wirklich wichtig ist, schlägt das so genannte mesolimbische System Ihres Erfahrungsgedächtnisses an. Hier sind Ihre positiv-emotionalen und damit motivierenden Erlebnisse gespeichert, hier wird bewertet, was sich für Sie wie lohnt.
- In Ihrem Stirnhirn fokussiert ein Neuronenareal, genannt „prä-SMA“ (Roth 2007, S. 168), genau das, was Ihr mesolimbisches System als wichtig bewertet hat, um es bewusst wollen zu können. Dieser „Sitz des Willens“ markiert Ihrem Bewusstsein, was Sie gleich wollen werden, und grenzt alles davon Abweichende als unbedeutend aus.
- Mit diesem Willensdruck werden jetzt, um den Willen handelnd ausführen zu können, die Basalganglien Ihres Handlungsgedächtnisses in Kraft gesetzt. Hier sind Ihre erfolgreich bewährten Bewegungsmuster gespeichert, um das aktiv und tätig zu erreichen, was Sie wollen. Basalganglien feuern dazu auch den positiv motivierenden Botenstoff Dopamin ab und entschieden damit, was tatsächlich getan wird: das „Freischaltungssignal“ zum entscheidenden Schlag. (Roth 2007, S. 168 – 179)

Ihr Wertewille teilt aus, indem er einteilt.

Jetzt fragen Sie sich womöglich: „Und wo beginnt nun dieser Schlagabtausch zwischen meinen unterschiedlichen Gehirnarealen? Und wie kann ich das, worum es mir mit meinem Wertewillen geht, beeinflussen, so dass ich sagen kann: ‚Ich entscheide und führe mich dabei selbst‘?“ Nach den Gehirnforschungen von Gerhard Roth liegt hier „ein *multi-zentrisches Netzwerk* vor, in dem niemand allein das Kommando hat, sondern in dem die Instanzen mit ihren jeweiligen

Argumenten in einen Wettbewerb mit teilweise ungewissem Ausgang treten." Gleichwohl: „Das limbische System hat bei dem ganzen Ablauf das ‚erste und das letzte Wort': Das erste Wort beim Entstehen der Wünsche und Pläne, und das letzte bei der Entscheidung darüber, ob das, was an Handlungsabsichten gereift ist, tatsächlich *jetzt und so und nicht anders* getan werden soll." (Hervorhebungen von G. R., S. 178 f.)

So weit das Neuronale. Daraus folgt: Sie stärken und trainieren und mobilisieren Ihren Wertewillen („prä-SMA") und damit Ihre Haltung zu dem, was Ihnen wert und wichtig ist, durch bewusst handelndes Üben und Wagen von Unterscheidungen.

22. Dein Wertewille – ein Unterschiedsmacher deines Lebens

Ihr Mut schlägt für den Willen zur Handlung den Weg frei. Werden Sie also achtsam für das, was Ihnen Ihre Gefühle signalisieren. Ihr somatisches Selbst und Ihr emotionales Gedächtnis vergessen nicht, was Sie in Ihrem Leben ausgemacht hat. Hier sprudelt Ihre Wertequelle. Hier wird neuronal bewertet, was von Ihrem Wertewillen entschieden werden soll. Und Ihr prä-SMAreal als „Sitz" Ihres Wertewillens trifft sodann die in Ihrem Alltag wichtigen Unterscheidungen nach den Präferenzen Ihrer bereits gemachten Erfahrungen, die vom mesolimbischen System Ihres Erfahrungsgedächtnisses als lebenswert bestimmt worden sind. Anhand dieser Indikatoren signalisiert der Wertewille Ihrem Bewusstsein folgenden Unterschied: „Mein letztes Kritikgespräch mit einer Mitarbeiterin hat mir erneut Achtung verschafft. Zu meinem Ziel, auch von diesem neuen Mitarbeiter, der ständig zu spät kommt, als Führungsperson respektiert zu werden, gehört es also dazu, mit ihm Tacheles zu reden. Ihm altväterlich alles durchgehen zu lassen gehört nicht dazu. Also: Haltung annehmen! Und los geht's!"

Weil die Emotionen dabei erste und letzte Worte mitsprechen, meldet Ihr Körper den Gefühlszustand dieser Ihrer Haltung, die Sie zu Ihren Werten und zu bestimmten Ereignissen einnehmen, als bedeutsame Einstellung ans Gehirn zurück: „Gut gemacht – weiter so!" Diesen emotionalen Zustand speichert das Gehirn als Positur-Marker oder „somatischen Marker" Ihrer Wertehaltung wieder ab: Das sind Ihre Chancen, Ihr Leben und Erleben mit einer Art „Label" mutiger Wertehaltung zu prägen (Grawe 2004, S. 100). Und vor allem: Diese körperfundierte Haltung ist zugleich *der* Kniff zur Angstkontrolle. Damit stärken Sie vor allem Ihr motivationales Annäherungssystem (siehe

Kapitel 12), das Ihnen Impulse liefert, sich den Dingen im Leben anzunähern, statt sie zu vermeiden. Es sind die neuronalen Annäherungssysteme, die Ängste überwinden (statt sie vermeidend zu stabilisieren). Ihre Angst stellt ja keine objektive Größe dar, sondern resultiert aus Ihren Bewertungen innerer und äußerer Reize. Und genau hier wird Ihre Wertehaltung boxerisch sinnbildlich: Sie nehmen zu Ihrer Angst Stellung.

Vergegenwärtigen wir uns hierzu noch einmal kurz Muhammad Alis Philosophie. Sein Werteweg, der Größte aller Zeiten zu werden, war immer auch ein Weg seines Mutes, mit der Angst fertig zu werden. Alis Weg, umgrenzt mit Seilen, in Runden bemessen und von Ringglockenklängen durchtönt, folgte gleichsam den biologischen Signalen von der Amygdala zur Großhirnrinde hinauf und wieder zurück. Diesen Weg vom Angstzentrum zu den Gehirnteilen des rationalen Denkens, aufgrund einer Jahrtausende erprobten Instinktsicherung viel besser und schneller gebahnt als die neuzeitlichen Wege unseres Denkens wider die Angst, nahm Ali mutig auf und beeinflusste und beherrschte damit viel intensiver sein Bewusstsein zur Zielannäherung, als er es umgekehrt mit seinem Denken gegen die Angst geschafft hätte.

Willst du nach vorne, schließ deine Hintertüren.

Zur boxerischen Metapher verknappt: Der kürzeste Weg, seine Angst zu meistern, ist der gerade Schlag des Körpers, mit der Angst durch sie hindurch ins Ziel zu treffen. Das meint: Körperzustände bieten unserem Denken Königswege zum somatischen Angstzentrum der Amygdala an (Grawe ebd., S. 101). Wer handelnd (und nicht nur denkend) entschieden zu dem steht, was ihm wichtig ist, verstärkt neuronal seine motivationalen Annäherungstendenzen. Denn erwiesenermaßen werden Ihre intrinsischen (von innen steuernden) Motive mit dem Annäherungsmodus (und nicht mit dem Vermeidungsmodus) erreicht (ebd., S. 399). Und es ist, nochmals, die Gewissheit des Menschen, sich selbst treu zu bleiben in dem, was ihm wertvoll ist, die ihn mutig seiner Angst gegenüber standhalten lässt. Das als Gleichung lautet:

Mut = Angst + Wertehaltung.

Hierdurch baut unser Mut gegenüber der Angst in unserem Gehirn „neue Strukturen auf, welche die Angstreaktionen schließlich hemmen“ (ebd., S. 104).

Bei dem nun folgenden (längeren) Fallbeispiel handelt es sich um Werte für das alltägliche situationsbezogene Verhalten. Es zeigt zugleich auf, welche biografischen Erfahrungen in der Erziehung lebenswichtige Werte durch inadäquate und schadhafte Selbsteinredungen daran hindern können, wirksam zu werden.

Peter Roderich, Mitte fünfzig und Geschäftsführer eines Zeitschriftenverlages, klagte über häufig einsetzende Konfusionsreaktionen und Angstzustände in hektischen Situationen. Sobald mehrere Aufgaben zur selben Zeit auf ihn „einstürzten“ oder er zwischen mehreren Aufträgen schnell zu entscheiden hatte, verlor er schnell den Überblick, geriet in Panik, wurde dann „automatisch“ konfus und handelte entweder „kopflos“ oder zog sich phlegmatisch zurück. Während des Boxens zeigte er anfangs genau solche vergleichbare Reaktionen. Er hyperventilierte schnell, vergaß die Boxtechnik und die Kampfstrategien, verlor den Überblick, wusste oft nicht mehr zwischen Führungshand (bei Rechtshändern links) und Schlaghand (bei Rechtshändern rechts) zu unterscheiden, seine Gesichtszüge entglitten wie unter Panik, und er vermochte meine Schläge nur noch reaktiv abzuwehren statt die vorher eingeübten Zielschläge strategisch aktiv zu platzieren. Er legte Wert auf Kontrolle, Handlungsübersicht, Orientierung und Ausgewogenheit in dem, was er tat. Und all das entglitt ihm, sobald die Angst ihn packte.

Die Coaching-Analyse stieß auf ein kontextbedingtes Selbstwertproblem, hervorgerufen durch Musterkombinationen aus dem episodischen, dem semantischen und dem prozessualen Langzeitgedächtnis[13]. Das soll erklärt werden: Sobald Herr Roderich private oder berufliche Situationen unter Stresswerten erlebte, reaktivierte er damit *Teufelskreise* des Denkens, Fühlens und Handelns, die er mit frühen Erlebnismustern seiner Mutter assoziierte. Sie setzte sich im Haushalt chronisch unter Zeitdruck (episodisch), reagierte mit immer gleichen Selbstwertbeschreibungen wie „das schaff ich nicht“ oder „keiner hilft mir“ (semantisch) und zeigte dann für den Sohn „vollkommen unkoordinierte bis konfuse“ Verhaltensweisen (prozessual).

Nach lösungsorientierten Ausnahmen gefragt, in denen er „trotz Hektik“ gelassen und „mit Überblick“ handelte, fiel Herrn Roderich eine Paniksituation ein, wo nach einem Rockkonzert das Publikum fluchtartig auf den Ausgang zustürmte und er, mittendrin, Ruhe bewahrte, indem er das grünweiße Männchen des beleuchteten Notausgangschildes unbeirrt im Auge behielt. Der Ziel-Blick als rettender Ankerwurf im Chaos.

Wir nutzten diesen mentalen individuellen Kniff fürs BoxCoaching, um den Klienten, sobald er in Stresssituationen geriet, aus seinen neuronal-diffusen Reaktionen herausführen zu können in eine so genannte kohärent-stabile Handlungsbereitschaft. Aus seiner Wertehaltung heraus sollte er sich Ziele setzen. Wir übten punktgenaue Schläge auf meinen Körper ein, das heißt: unter meinem ununterbrochenen „Schlaggewitter“ sollte er mit zuvor trainierten Schlagtechniken und Kampfstrategien zielorientiert Treffer landen:

---

13 Episodisch: Erinnerungen an vergangene Situationserlebnisse („Meine letzte Urlaubsreise“). Semantisch: Erinnerungen an Bewertungen und Bedeutungen („Urlaub macht mich glücklich“ oder „H_2O = Wasser“). Prozessual: erlernte Bewegungen und Verhaltensweisen („Wasserski fahren“ oder „dem Sportlehrer höflich danken“).

Neurologische Schaltplan-Praxis: Mutlogik und Wertewille

- Er konzentrierte sich im Detail-Kontext des Kampfes gedanklich auf sein Ziel (präfrontaler Kortex) und schätzte die jeweiligen Vor- und Nachteile seiner Schlagtaktiken ab (orbitofronatler Kortex).
- Aus seiner Erfahrung heraus wusste er, wie gut es ihm tat, Handlungskontrolle, Orientierung und Balance herzustellen durch zielorientierte Aktionen (mesolimbisches System); dadurch wurden seine gedankliche Konzentration auf das Schlagziel und seine abgewogenen Schlagtaktiken erfolgreich gesteuert.
- Roderich hatte schnell rausgekriegt, dass meine Kopfdeckung für Sekunden offen und somit für seine Treffer frei war, nachdem ich kurz zuvor seine Schläge auf meinen Körper mit meinen Fäusten abgewehrt hatte. Jetzt fokussierte sein Wertewille genau diese meine offene Deckung im Bruchteil einer Sekunde für seine Zieltreffer und ließ alle anderen Schlagoptionen als unwichtig außer Acht (präSMAreal).
- Millisekunden später schoss Roderich exakt und treffsicher seine Kopfhaken ab, deren Bewegungstechnik er in vorangegangenen Trainings hervorragend eingeübt hatte (Basalganglien). Seine Motivation, angefeuert durch den Botenstoff Dopamin, schaltete hierzu den Bewegungsablauf schlagfertig frei: Handlungskontrolle und Orientierung (Werte) wurden durch punktgenaue Treffer (Ziele) wirkungsvoll erreicht.

Roderichs Wertehaltung paktierte mit dem Zieldenken. Das heißt: Seine Werte konnte er emotional wirksam werden lassen durch eine zielfixierte Aufmerksamkeit seiner Gedanken. Hierzu codierten wir im Coaching einen so genannten „Seh-Haken" (das Trefferbild seiner Kopfhaken) als ein emotional hoch besetztes Erinnerungsbild mit neuen effektiv stabilisierenden Beschreibungen seines Selbstwertes, seines Kontexterlebens und seiner Handlungsprozesse. Seine Erinnerung an das Rockkonzert gab uns hierzu einen Hinweis, wie wir zu verfahren hatten. Peter Roderich musste etwas konkret vor sich sehen (statt etwas hören oder denken oder fühlen zu müssen), um wertebewusst handeln zu können. Über den Augenfokus im visuellen Kortex war es möglich, bei ihm ein Repräsentationssystem aufzubauen, das wir mit kontextstabilen Gedächtnisinhalten (Hippokampus) codierten: „Ich gehe meinen Weg." – „Ich führe selbstsicher in unvorhergesehenen Situationen." – „Ich kann mich auf mich verlassen." – „Angriffe treffen meine Haut, nicht meinen Selbstwert." – „Ich bin die bestmögliche Chance meiner selbst." - „Ob ich durchhalte oder durchdrehe, bestimme allein ich." – „Das Lot meiner Balance ruht in mir."

Zugegeben, solche Selbstbeschreibungen muten erst einmal, wenn man sie so liest, an wie wohlgemeinte Autosuggestionen ohne Langzeitwirkung. Das blieben sie auch, würden sie allein gedanklich – also in der Großhirnrinde (im Kortex) – genutzt werden. Doch im Fall Roderich (wie in fast allen hier beschriebenen Fällen) verändert und verbessert der Mensch seine Selbstführung, indem er seine gedanklichen Neueinstellungen mit den emotional geladenen Gehirnbereichen kombiniert. Hierzu erinnert sich der Klient an seine Boxerlebnisse als Grundhaltungen seines intensiven Selbstseins. Diese Erinnerungen (siehe Kapitel 17, „Ihre griffbereiten Mut-Marker") bilden die Ringkulisse, vor deren Bildrunden und Szenarien der Klient in seiner emotional hoch aktiven Gedächtnisleistung seine gedanklichen Selbstbeschreibungen effektiv verankern kann.

So installierte der systemische Dreh der Boxring-Ausnahmen bei Herrn Roderich nach und nach eine selbstwirksame Selbstkompetenz. Und der Rückkopplungsfaktor zwischen der Erinnerung ans eigene Gelingen und der tatsächlich erfolgten Handlung, die geklappt hat, bestärkte das psychische System darin: Es wird wieder und wieder klappen!

Da alles, was beim Boxen passiert, den Menschen aufs Äußerste herausfordert, bieten die hieraus resultierenden Erinnerungen einen ungewöhnlich mobilen Erlebnisfundus an neuen plastisch-gestaltbaren Selbst- und Weltbeschreibungen. Der rote Boxhandschuh von Peter Roderich, der im Gewirr gegnerischer Schläge punktgenau traf, wurde sein „Seh-Haken“ in drohenden Konfusionskontexten des Alltags. Um in diesen Situationen handlungsfähig zu bleiben, kaufte er sich einen kleinen roten Boxhandschuh, der sichtbar auf seinem Schreibtisch stand. Und für unterwegs ruhte als Pendant zum Boxhandschuh eine rote Marmormurmel griffbereit in seiner Tasche.

Der Boxer ist in jedem Augenblick ein von blockierenden Selbstkonzepten befreiter Mensch.

23. Die Ringrunden deines Willens

Wieder zu Ihnen: Wollen Sie Ihre Selbstführung durch ein Training Ihres Wertewillens und Ihrer Wertehaltung optimieren, schöpfen Sie die hierzu notwendigen Kräfte aus der heilsamen Kombination von Gefühl und Denken:

Trainingsplan: Wertewille und Wertehaltung

1. Finden Sie heraus, worauf Sie aufgrund Ihrer bisherigen positiven Erfahrungen emotional besonderen Wert legen (mesolimbisches System). Von hier kommt Ihre emotionale Bewertung dessen, was Sie gleich wollen werden („Ich entscheide selbst, wann ich meine kritischen Gedanken formuliere.“).

2. Schätzen Sie gedanklich Ihren alltäglichen Kontext ab, wo und wann Sie wie und wozu welchen Ihrer bevorzugten Werte zielorientiert wirksam werden lassen wollen (präfrontaler Kortex). Von hieraus kontrollieren Sie konsequent den Handlungsstrang Ihres Willens, den wir gleich bestimmen und dem wir folgen werden (Beispiel: „Bevor der Produktionsbereichsleiter in der kommenden Sitzung seine Redezeit nutzt und das Fusionsprojekt vorstellen wird, melde ich mich schnell zu Wort.“).

3. Wägen Sie hierzu die verschiedenen Möglichkeiten mit ihren Vor- und Nachteilen ab und kalkulieren Sie Ihren bestmöglichen Gewinn daraus (orbitofrontaler Kortex). Von hier aus überdenken Sie die Konsequenzen Ihrer gleich folgenden Handlungen und beziehen sie damit auf Ihr Bewusstsein, dass *Sie* es sind und weiterhin auch sein werden, der/die da handelnd identisch bleibt (Beispiel: „Mir ist klar, damit verschaffe ich mir Gegner, vor allem in der Produktion. Aber ich habe

meine guten Gründe gegen diese Auslandsfusion, und meine Vertriebsleute werden wieder merken, dass ich hinter ihnen stehe und unseren Werten der Standorttreue gerecht werde.").

4. Sobald Ihnen klar geworden ist, worauf Sie handelnd Wert legen wollen, entscheidet Ihr Wertewille (präSMAreal), was Sie hierzu tun sollen, und verdrängt alle weiteren noch möglichen Alternativen. Hier startet die Selbstinitiierung Ihres Willens, der Lauf Ihrer Handlung ohne fremde Bedingtheit. (Beispiel: „Der Zeitpunkt ist entscheidend: bevor der Bereichsleiter zum Rednerpult geht, werde ich aufstehen und die Aufmerksamkeit aller verlangen. Ich darf nicht drum rum reden, sondern muss gleich mit der drohenden Entlassungswelle, der fehlenden Bereitschaft der meisten von uns und vor allem mit den Ängsten der Belegschaft beginnen. So emotional muss ist starten und nicht zuerst sachliche Gegenargumente beitragen.")

5. Und diese Unterschiedsmarkierung schlägt das Ringglockensignal zur Motivation (Dopamin-Feuer) und damit zur tatsächlich erfolgenden Handlungsbewegung an (Basalganglien): „Los geht's zur Ringmitte Ihres Wertekampfes!" Und von hier feuert Ihr Körpergedächtnis die notwendige Energie ab, damit das, was Sie wollen, in die Tat umgesetzt wird. (Beispiel: „Ich atme durch und stehe auf und spüre meine angriffsfreudige Körperhaltung als Ausdruck dessen, worum es mir und vielen Kollegen im Saal geht. Ich genieße meine innere Aufregung und lege los: ‚Und jetzt hören Sie mir bitte alle mal zu …!'")

Aus dem Coaching zur Selbstführung heraus folgt: Wir sollten bereit sein, für unsere Werte, wenn es sein muss, zu kämpfen. Und nochmals und abschließend: Es ist weniger der Wert als solcher (inhaltlich), der Ihre psychischen Systemprozesse steuert, sondern Ihre Haltung zu Ihrem Wert. Ihre Haltung macht die Kohärenz des Selbstsystems aus und stabilisiert Ihre konsistente Aufmerksamkeit auf Ihren Wert und dessen Zielwirkung.

Ihre Wertehaltung begründet die Sie vorwärts ziehenden Ziele.

Gerade das Boxverhalten ist prädestiniert dafür, aus einer *Wertehaltung* heraus hellwach konzentriert und aufmerksam zielorientiert zu handeln. Für jeden Menschen, der mit ausgewählten Werten persönliche oder berufliche Ziele verfolgt oder Veränderungen in Gang setzen will, bieten die Erfahrungen des Boxens oder die Nutzung von Boxmetaphern hervorragende Transferansätze für die Praxis an. Wagen Sie hierzu und im Sinne Ihrer Selbstführung den konsistenten Schlagabtausch zwischen limbischen Systemen und Kortex!

Das ist als Appell deshalb neuronal formuliert, weil Sie Ihre Faustregeln zur Selbstführung immer auch als körperlich fundiertes Training praktizieren sollten.

Ihre Gefühle sind es, die den Schwung und das Feuer zum Schlagabtausch entfachen (aber eben auch Hemmschwellen und Blockaden bilden können, sofern Sie untätig bleiben). Denken Sie bei allem, was Sie tun, immer auch an Ihren Körper, dessen Gedächtnis nichts vergisst, was Ihnen je passiert ist – und was zu Ihnen passt.

24. Unser Körperweisheit denkt mit – und oftmals voraus

Ein Gymnasiallehrer aus Österreich rief mich eines Tages an, er bräuchte dringend ein BoxCoaching. Bei unserer ersten Begegnung sah ich eine zerbrechliche Gestalt Platz nehmen. Wolfgang Frakes war durch eine Dialyse körperlich stark angeschlagen, hatte bisher selten Sport getrieben, spürte aber innerlich, seine Körperweisheit sollte ihn dorthin führen, wo seine Seele sein wollte. Später im Ring zeigte sich, er konnte anfangs tatsächlich kaum kämpfen – aber er wollte es um alles in der Welt können. Verletzbar war er, ja, und doch fühlte er sich unbesiegbar. Denn er spürte, er hatte etwas in sich, das raus wollte und ihm, dem Lehrer an einem traditionsreichen Gymnasium, die Freiheit zeigen wollte. Seinen Durchbruch wollte Frakes erleben, mehr Mut zeigen und vor allem seinem gefürchteten Direktor und dessen Gängeleien Paroli bieten können. Bevor er mich anrief, hatte er einen Zeitungsartikel über mein BoxCoaching gelesen: „Da sprach etwas sogleich in mir an und sagte mir: ‚Ja, das isses!'"

Die Arbeit am Inneren Team entdeckte einen lange vergessenen Persönlichkeitsanteil in Frakes' Seelenleben, einen Lausbuben namens Gfrast[14]. Er tauchte als Sinnbild für Frakes' Körperweisheit auf, für all das, was er körperlich und emotional seit Jahrzehnten unterdrückt hatte. Frech, rebellisch, behände, schelmisch und schnell war dieser Gfrast, voller Stolz auf seine Lebendigkeit und unbekümmert über das, was andere über ihn, den Gfrast, denken mochten. Ein sonniges Gemüt voller Spaß am Leben war da in

14 „Gfrast" nennen die Österreicher landesüblich fröhlich-freche Spitzbuben.

Wolfgang Frakes wiedererstanden. Frakes wischte sich Tränen aus seinem schmalen faltigen Gesicht.

Über die Stuhltechnik hörte Frakes seinem Inneren Teammitglied aufmerksam zu: „Komm mit zum nächsten Abenteuer", rief dieser Gfrast seiner Gesamtpersönlichkeit Wolfgang Frakes zu, „und stell dich nicht so an! Mach's einfach – mit mir!" Gefragt, was seine Grundwerte des Körperselbst seien, antwortete ihm Gfrast: „Neugier, Abenteuerlust, Schwung, Spontaneität." In ihm als Sinnbildfigur für Frakes' Körperweisheit seien aber auch, so verriet Gfrast, „Feuer, Kraft und Wärme und Wut." Wut? Frakes fragte nach. „Wut darüber, dass du, Wolfgang, dein halbes Leben lang dich nicht getraut hast, meine Körperweisheiten auszuleben. Trau dich endlich, andere Menschen deine – meine – Hitze spüren zu lassen."

Gefragt, was ihn hinderte, die Wesenheiten seines Körperselbsts auszuleben, antwortete Frakes: „Ich habe Angst vor diesen Kräften in mir, ich will bei anderen nicht anecken. Meine inneren Kritiker verbieten es mir und zetern los: Der Angepasste in mir bläut mir ein, mich nach anderen zu richten, der Scheue in mir flüstert mir immer ängstlich zu, ich solle bloß keinen Streit provozieren und nicht auffallen, und der Überkorrekte geifert los, es gehöre sich nicht, anzuecken." Hier meldeten sich Frakes' Losertypes[15] zu Wort. Diese Selbstanteile „zeterten", „flüsterten", „bläuten", „keiften" qua Selbstbeschreibungen im Selbstsystem des Klienten

15 Mit „Losertypes" bezeichne ich die negativen, blockierenden, hemmenden, zweifelnden, depressiv wirkenden Selbstbeschreibungen eines Menschen. „Loser" steht sinnbildlich für die im Selbstsystem verstärkten Vermeidungs- und Verlierertendenzen; „Types" meint zum einen verschiedene Persönlichkeitstypen in einer Person, zum anderen schwingt in dem Begriffsteil die Typologie als Sprachsatz und Buchstabenform mit, eine Metapher für die sprachliche Gestaltung menschlicher Wirklichkeiten. Im Boxsport stehen „Losertypes" für diejenigen Boxer, die meist nur ausweichen, wegducken und einstecken, um so wenigstens über die Runden zu kommen. Losertypes verkriechen sich dafür in die Ringecken oder verstecken sich hinter ihrer Deckung, aus Angst, eigene Stärken zu zeigen und selbst offensiv zuzuschlagen. Sie verlieren, um wenigstens nicht aufzugeben.

„von Jugend an“ los und erzeugten seither: „Feigheit, Selbstzweifel, Untätigkeit, Angst, Bequemlichkeit, Unfreiheit“.

Zum Verlierertyp wirst du nicht geboren, zum Verlierertyp machst du dich selbst.

Soma und Seele

Was passiert, wenn in uns Blockaden entstehen, die sich dann in Symptomen ihren Ausdruck verschaffen? Wenn der Mensch Erfahrungen macht, sei es als Kleinkind, in der Jugend, als Erwachsener, geht das gleichermaßen durch Geist und Körper hindurch. Erfahrung wird bildlich, akustisch, emotional, sprachlich und vor allem körperlich verarbeitet, um „versomaseelt“ zu werden. Soma und Seele, Körper und Geist, Nervensystem und Sprache, Bauch und Kopf, Gefühl und Verstand – wie immer wir die unterschiedlichen Systeme im Menschen bezeichnen wollen, sie agieren und reagieren nach ihrer eigenen Dynamik unterschiedlich auf das, was uns zustößt.

Passiert etwas, das uns verletzt, verängstigt, bedroht, überwältigt oder gar traumatisiert, entsteht inmitten der Systemdynamiken ein so genannter „Clinch“ der Systemelemente: Die Wirkung der Erfahrung verkapselt sich im Gewirk somatischer und kognitiver Elemente, womit dem Menschen in seiner Selbstführung ein abgespaltenes „Erfahrungsstück“ entzogen wird. Im „Clinch“ klemmen kognitive Selbstbeschreibungen mit somatischen Wirkfaktoren fest. Solche Selbstbeschreibungen wie beispielsweise „Ich bin (nicht) …“, „ich sollte (nicht) …“, „ich kann (nicht) …“ resultieren zumeist aus (Fehl-) Deutungen eigener Erfahrungen oder Fremdbeschreibungen Dritter wie „Du bist (nicht) …“, „du solltest (nicht) …“, „du kannst (nicht) …“. Und solche inneren Monologe wirken dann in der Psyche als fremde Sprachkörper aus Stimmungen und Stimmen oft ein Leben lang fort.

Dieser „Clinch“ beginnt nun nach der je eigenen Chemie seiner Elemente eine Eigendynamik zu entwickeln. Daraus können unterschiedlichste Symptome entstehen, beispielsweise psychosomatische Beschwerden, soweit die körperlichen Elemente im „Clinch“ überwiegen, oder Zwangsneurosen oder Gefühlsarmut bei einem Übergewicht kognitiver Elemente. Aus dieser Eigendynamik können sich dann aber auch (zum Teil symptomatische) Persönlichkeitsanteile der Losertypes entwickeln.

„Ich weiß es noch genau, diese Oberschwester im Internat, die rannte plötzlich auf mich zu, putzte mich wütend herunter und beschimpfte mich, ich sei dumm, unfähig und böse, mich, den kleinen Bub Wolfgang. Ich hätte mir fast in die Lederhose gemacht. Seitdem duckt sich der Bub in mir weg, meidet Konsequenzen. Mit ihm drücke ich mich, wo ich nur kann, ich bin defensiv geworden und vor allem autoritätshörig. Diese Angst, die ich damals gekriegt hatte, konnte ich als Bub wohl nur aushalten mit dieser Tut-mir-bloß-nix-Haltung. Die hält mich, verflixt, immer zurück, weil der kleine Bub in mir befürchtet, nicht mehr geliebt und dafür angeschnauzt und abgelehnt und kritisiert zu werden.“

Im „Clinch“ der Systemelemente dieses Persönlichkeitsanteils überwogen die kognitiven Elemente die somatischen. Und so paktiert dieser „Bub“ flugs mit allem, was an Verboten, Anweisungen, Züchtigungen, Selbstkritiken, Maßregelungen und Drohungen sprachlich zur Verfügung steht. Frakes’ Körperlichkeit fristete unter den kognitiven Knuten ein verdörrtes Leben hinter Verbotsgattern. Hierzu bot nun der Gfrast als Symbolfigur für das somatische Selbstsystem einen heilsamen Konterpart zur Korrektur. Dessen „Weisheiten des Körpers“ spürte Wolfgang Frakes in sich rege werden, noch bevor er mit mir in den Boxring gestiegen war.

Das ist eines der entscheidenden Momente zur authentischen Selbstführung, entscheidender als alle rationalen Einsichten: ein Gespür zu bekommen und aufmerksam zu werden für die eigene Mitte des Körpers als Weisheitsträger unseres Selbstsystems.

Hier weist uns eine innere Kompassnadel auf Ziele und Abweichungen unserer Wege hin. Und genau das hat Wolfgang Frakes angesprochen, als er vom BoxCoaching als Weg zur kohärenten Selbstführung gelesen hatte. „Wenn ich dem nachspüre, dem Gfrast, da regt sich in mir eine Klarheit im Kopf und eine Freude im ganzen Körper, eine tief gespürte Balance, wie eine Boje, die noch auf hohem Wellengang im Lot bleibt. Und vor allem ist es meine Atmung, die mit einem Mal dem ganzen Körper einen Rhythmus gibt, der mir total entspricht, ich fühle mich entspannt, aus der Mitte heraus zentriert und aufrecht.“ Frakes schmunzelte. „Und all das erzeugt in mir eine lächelnde Gelassenheit.“

Ihr Atem befreit Sie aus jedem Clinch.

25. Der Atem als Rhythmus der Psyche ist der Seele Sieg

Selbstsein-Übung: Mit-dem-Atem-Gehen

Schließen Sie mal Ihre Augen und folgen Sie achtsam Ihrem Atem. Folgen Sie ihm dorthin, wo er Sie hinführt und Sie ihm folgen möchten, durch Ihren Körper und seine Gliedmaßen und in jene Regionen, die Ihnen vertraut oder noch unvertraut sind. Mit jedem Atemzug – ein und aus – gleitet Ihr Bewusstsein durch Brustkorb, Schultern, Arme, Finger, Bauch … und so fort. Anfangs mögen Ihnen manch andere Gedanken dazwischenfunken und die Wegweisungen Ihres Atems erschweren. Da werden Sie merken, wie schwer es ist, dem scheinbar einfachen „Mit-dem-Atem-Gehen" zu folgen. Soweit Sie das aber konsequent geübt und zu einem Ihnen vertrauten Entspannungsritual gestaltet haben, kann Ihnen das „Mit-dem-Atem-Gehen" zur zweiten Natur Ihres Selbstseins werden. Sollten Sie von Alltagsgedanken fortgeführt worden sein, kehren Sie bewusst zu Ihrem Atem zurück. Der Atem führt Sie an einen Punkt in Ihnen, der jenseits der Worte liegt, dorthin, wo Sie den Quellen Ihrer Energien begegnen.

Probieren Sie das mal aus, wenn Sie von negativen Gedanken geplagt werden. Schalten Sie kurz um auf den achtsamen Bewusstseinsfluss Ihres Atemstroms (ca. 30 Sekunden), gehen Sie konzentriert mit dem mit, was Ihr Atem bis dahin auch ohne Sie getan hat. Bleiben Sie bei diesem Ein-und-Aus, wohin es Sie auch führen mag. Kehren Sie nun zu Ihren vorherigen Gedanken zurück und Sie werden einen Unterschied zu vorher feststellen. Ihre Gedanken wirken womöglich leichter, freier, ferner oder gar einfacher. Ihr Atem hat da etwas aufgelöst in Ihrer Gedankenproduktion; es sind eben „nur“ Gedanken. Ihr Atemfluss löscht so manches gedankliche Neuronenfeuer spielerisch aus.

Der Atem als Hauch Ihrer Seele begleitet Sie so von Anfang bis Ende. Er ist eine Art Äther in uns, dessen Sphären nichts Fremdes befördern. Wer dem Atem folgt, folgt allein sich selbst.

Ihr Atem drückt wortlos Selbsttreue zu Ihnen aus.

Ihre hier angeleitete Konzentration auf Ihren Atem soll Sie nun nicht in Räucherstäbchen-Stimmung weltfern wegschweben lassen. Mit dem Atemcoaching gewinnen Sie etwas zutiefst Praktikables für Ihre authentische Selbstführung. Seit Jahrtausenden praktizieren fernöstliche Atemtechniken einen entspannten und damit von Fremdeinflüssen befreiten Zugang zu den inneren Energien des Menschen. Und diesen natürlichen Weg wählt das Boxen. Fürwahr, entspannend mag das im Zeichen boxerischer Herausforderungen kaum anmuten. Gleichwohl, Ihr Atem befähigt Sie zu dem, worum es Ihnen (boxend) in Ihrer Selbstbehauptung gegenüber Fremdeinflüssen geht. Und nach jedem Boxen, das kann ich Ihnen versichern, sind alle Gedanken plötzlich einfach. Zen-buddhistisch einfach. Da können vor dem Training Ihre Gedanken noch so miserabel gewesen sein, nach dem Training sagen Sie sich: „Das Leben ist schön.“ Und warum? Weil Ihr Atem Sie restlos durchgespült hat. Wer im Ring steht und herausgefordert wird, mobilisiert atmend die Willenskräfte seiner Selbsttreue, belebt seine körperlichen Energien und – der Dreh- und Atempunkt zur Führung der Selbstsysteme – beseelt seine Inneren Teammitglieder.

Der Atem verflüssigt chronisch Festes

„In den Atem bringen“ heißt: Ihre negativen Gedanken, blockierenden Einstellungen, verkapselten Persönlichkeitsanteile kommen durch die bewusste Atemkonzentration in Bewegung. Mentale Blockaden,

Spannungen, Polaritäten werden gleichsam eingeschleust in die Zielgerade der durchgeatmeten Auflösung, in den befreienden Schlagatem Ihrer Selbstführung (Gilligan 2004, S. 107). Nennen Sie es „inneres Lot“, „geatmete Balance“, „pulsierendes Zentrum“ – mit boxerischen Mut-Metaphern zur Selbstführung agieren Sie aus dieser zentrierten Mitte heraus. Hierbei konzentriert sich der Boxer *weniger auf* diese Mitte hin, sondern agiert *mehr aus* ihr heraus (ein wesentlicher Unterschied zur fernöstlich geatmeten Orientierung). Von hier aus geschieht fast alles wie von selbst, ein pures Flow-Prinzip präsenter Gegenwärtigkeit.

Was Ihnen bei der Atemübung achtsam bewusst geworden sein dürfte, ereignet sich beim Boxen als „Bewusstseinsprinzip der eigenen Mitte“ aus jeder Aktion heraus – Ihr somatisches Selbst lebt hier und jetzt auf. Und ich möchte behaupten: zu fast 100 Prozent. Das bedeutet für Ihre Selbstführung: mehr Freiheit, mehr Sicherheit, mehr Reaktionsmöglichkeiten. Stephen G. Gilligan, auf dessen wertvolle Hinweise ich mich hier beziehe, spricht sogar von einer „primären Verpflichtung“ zur Aufmerksamkeit gegenüber unserer somatischen Mitte, „wichtiger als jede andere Beziehung im Leben“ (Gilligan 2004, S. 119).

Und hier sei es nochmals betont: Sie müssen dazu nicht unbedingt in den Boxring steigen. Die boxmetaphorische Wirkung dessen, was Sie für Ihre mutige Selbstführung hier lesend erspüren, kann in Ihnen bereits etwas auslösen, das richtungweisend aus Ihrem somatischen Selbst heraus wirkt. Und solche (kleinen) Unterschiede sind es, auf die es ankommt, wenn Sie weiter kommen wollen!

Mit seinen Dialyseschläuchen unterm Sportshirt stieg Wolfgang Frakes, leicht schwankend auf dünnen Beinen, erstmals in seinem Leben durch die Seile eines Boxrings. Doch seine Augen leuchteten, und aus dem verschmitzten Gesicht blickte etwas hervor, das nur darauf zu warten schien, gleich loszulegen. Sein Gfrast. Vor jedem Sparring nennt der Klient, symbolisch in der Ringmitte stehend, seine Ziele, die durch das Boxen annähernd erreicht werden sollten. Wolfgang Frakes nannte die Ziele des Gfrast: „Endlich wollen können, Konflikte durchstehen, intuitiv-spontan reagieren, beharrlich einmal Begonnenes beenden."

Und so kam es dann auch. Nach ersten zaghaften Tupfern schlug sich Frakes quirlig und voller Freude durch meine Angriffe konsequent durch. Er schlug wahrlich nicht fest, doch Frakes gab alles an Kraft und Elan her, was in ihm steckte. Es war auch für mich eine Freude, zu erleben, wie sich da etwas befreien wollte in einem Menschen, der so viele Dürrejahre körperlicher Sehnsüchte durchlebt hatte. Es kommt bei solchen Herausforderungen menschlicher Stärken niemals auf deren objektiv messbare Kräfte an, es zählt allein das subjektiv bestimmte Maß an Optimum der je eigenen mobilisierbaren Ressourcen. Frakes holte mit seinem Gfrast wirklich alles aus sich heraus, was in diesem Augenblick für ihn möglich war. Dabei wirkten seine Systeme des Körpers und der Psyche durch ein gemeinsames Spannungsfeld im Beziehungssystem zum Gegner kohärent aufeinander abgestimmt: Frakes natürlicher Schlagrhythmus seines Atems.

Natürlich wollte ich nicht allzu fest kontern, doch reichte es allemal, um Frakes Gfrast so weit herauszufordern, dass Komfortzonen durchbrochen wurden. Und Frakes Körperweisheit lebte unumwunden plötzlich auf. Die kognitiv zentrierten Persönlichkeitsanteile der Kontrollen, Maßregelungen und Verbote schienen in Wolfgang Frakes wie aufgelöst und durchschlagen worden zu sein. Das ereignet sich beim Boxen fast jedes Mal: Der Mensch konzentriert sich nahezu hypnotisch auf seine selbst gesetzten Ziele hin.

Aus dieser lösungsorientierten Fokussierung seiner Aufmerksamkeit aktivierte auch Wolfgang Frakes unwillkürlich seine somatischen Selbstanteile. Und damit wurden seine Wirklichkeitskonstruktionen neu justiert. Wolfgang Frakes blickte, fühlte, dachte und handelte bei diesem Erlebnis genau so, wie es seinen emotionalen Werten und seiner körperlichen Weisheit entsprochen hat.

Unser körperlich-emotionales Gespür von Stimmigkeit vermittelt uns ein intuitives Wissen, dass wir innerlich-systemisch optimal organisiert sind.

Herausgefordert aus chronischen Komfortzonen, verflüssigt der Mensch durch seine Atmung den „Clinch“ seiner innerlich fremd wirkenden Stimmungen und Stimmen. Somatisches und kognitives Selbst sind in unserer Gesamtpersönlichkeit ohnehin (also nicht nur in den „Clinches“) nie ganz getrennt. Das Boxen verhilft uns aber, dem somatischen Selbst mehr Präsenz zu verschaffen, die Kognitionen leichter abzuschalten und deren analytische Rationalität emotional zu relativieren. Was unserer Gesamtpersönlichkeit und Selbstführung fremd und schädlich sein kann, ortet und unterscheidet unser Körper in enger Verbundenheit mit dem somatischen Selbst kohärenter als unser kognitives Selbst. Unser somatisches Selbst, stimmig hoch aktiviert, bildet einen gefühlten Unterschied zu den „Clinches“.

Noch außer Atem und durchpulst von der Weisheit des Körpers, schütteln wir sodann aus der inneren Distanz zu unseren Problemen innerlich den Kopf:

Challenge-relaxing:

- Wir bekommen Abstand zu schlechten Gewohnheiten.
- Wir reduzieren das Gezeter negativer und destruktiver Persönlichkeitsanteile.
- Wir bündeln durch einen hohen Aufmerksamkeitsfokus unsere körperlichen Energien und beleben damit somatische Selbstanteile mit deren je spezifischen Art des Denkens, Fühlens und Handelns.
- Wir lösen neuromuskuläre Blockaden auf, die unsere Lebensenergie blockieren.

- Wir ermöglichen bislang nicht zugelassenen, nicht unterstützten oder nicht ernst genommenen Erfahrungen den notwendigen Raum zur Veränderung.
- Wir schaffen neue affektiv-kognitive Musterbildungen mit attraktiver Sogwirkung für weitere solche neuen Erfahrungen.
- Wir spornen vernachlässigte Selbstanteile mit ihren unterdrückten Gefühlen an, sich den Zielen unserer Selbstführung motivierend anzunähern.

Nach der körperlich-emotionalen Herausforderung sind alle Gedanken einfach.

26. Aufwärtshaken der Affekte – die Ausnahmen deines Lebens

Halten Sie Kontakt zur „Weisheit" Ihres Körpers. Womit? Die dem Körper nächsten bewusstseinsfähigen Verbindungsschwellen zu seinen Dynamiken und Energien sind unsere Affekte (verwendet als Oberbegriff für Emotionen, Gefühle, Stimmungen, Affektreaktionen). Affekte „mobilisieren und energetisieren das Denken, das heißt sie sind die essentiellen ‚Motoren' (und manchmal auch Bremsen) der kognitiven Dynamik" und „wirken (…) somit als biologisch wie psychol-sozial eminent sinnvolle *Komplexitätsreduktoren* im zunächst uferlosen kognitiven Feld" (Ciompi 1998, S. 85, 87).

Der Mensch muss nicht mehr lange nachdenken, was er tun soll, wenn er spürt und fühlt, was er will und kann. Und das, was Sie wie fühlen, bestimmen Sie. Welche Bedeutung Ihre Erfahrung für Sie gewinnt, liegt maßgeblich bei Ihnen. Denn: „Neuronen und Synapsen wissen nichts; was sie tun, ist neutral gegenüber der Bedeutung ihrer Aktivität. Die bedeutungskonstituierenden Regeln (…) ergeben sich aus der *Vorerfahrung* des kognitiven Systems" (Roth 1995, S. 233 – 237). Heißt: Es liegt an Ihrem Willen und in Ihrer Macht, Ihren Affekten eine für Sie passende und stimmige Bedeutung zu verleihen. „Vertrauen Sie dabei Ihren Gefühlen, aber folgen Sie ihnen nicht sklavisch", kommentiert Fritz B. Simon das Sender-Empfänger-Modell von Emotion und Kognition. Denn auch wenn die Affekte erwiesenermaßen die „essentiellen Motoren" unserer Gedanken sind, liefern wiederum unsere Kognitionen „eine gute, kontextbezogene Emotionsregulation" (Grawe, S. 168).

Was körperlich weise auf Sie einwirkt, dem weisen Sie gedanklich eine für Ihre Kontexte passgerechte Bedeutung zu. Und hiernach beurteilen Sie entsprechend Ihre folgenden Erfahrungen.

Wer emotionalen Erfahrungen Raum gibt, kann sie und damit sich selbst verändern.

Wolfgang Frakes war während des Boxens „furchtbar aufgeregt und hatte grauselige Angst“. Doch er hatte gelernt, diese Affekte als Antriebe anzunehmen, unumwunden freudig loszulegen und entschlossen anzugreifen. Diese von ihm selbst erwirkte Kombination aus Angst und Angriffsfreude bestimmte als Vorerfahrung Frakes’ weiteren Umgang mit Konfrontationen und Herausforderungen. Seine Spiegelneuronen legten hiernach eine Art Gedankenfolie zurecht für seine folgenden Handlungen, die Frakes auf der Basis dieser seiner vorgestellten Bilder in seinem Alltag auszuführen hatte. Diesen Transfer-Schritt, das Leben praktisch neu zu erfinden, muss der Mensch selbstverantwortlich wagen.

Einen solchen Auftrieb Ihrer Körperenergien, den eine gute Herausforderung liefern kann, dieses Auf-Teufel-komm-raus-Gefühl müssen Sie einfach einmal erlebt haben. Sie wertschätzen danach Ihren Mut der Selbstbehauptung als einen der wertvollsten Impulse Ihrer Körperweisheit zur Selbstführung.

Der Lebenskampf findet oftmals gar nicht mehr gegen marode Selbstbilder des Ichs statt, sondern gegen Gen-Schwäche, Synapsen-Verdickung und Neurotransmitter-Blockaden.

Der Mensch lebt die besten Ausnahmen seiner selbst

Wolfgang Frakes erwirkte durch seine boxerisch neu erfundenen Körperhaltungen, Bewegungskoordination und Affektbedeutungen neue Neuronen-Kombinationen für seine nächsten Schritte. Das wiederum veränderte sein Erleben zukünftiger Erfahrungen. Seine beim Boxen aktivierten Affekte erzeugten nämlich eine Sogwirkung für nachfolgende affektkonforme Gedanken. Das kann auch Ihr „Dreh" sein: Sie schaffen attraktive Erlebnismuster, die weitere neue neuronale Musterelemente Ihres Erlebens nach sich ziehen werden. Nochmals: „So wie man geht, so geht's einem" (Schmidt 2004, S. 75).

Versperren neuromuskuläre Blockaden unsere Lebensenergie, eröffnet eine (boxerische) Herausforderung diesen blockierten Erfahrungen einen körperlich affektiven Raum, um sie zu verändern. Und was uns hierbei gutgetan und weitergeholfen hat, sollten wir wiederholen können. Hierzu gilt es, zu den Ausnahmen unserer inneren Weisheiten eine Art Gebrauchsanleitung anzufertigen. Mit der Beantwortung folgender Fragen können Sie Ihre Körperweisheiten zum Programm machen:

Ihre Ausnahme-Anweisung

Ihr Ziel-Bild (möglichst detailliert beschreiben):

- Was wollen Sie konkret erreichen?

Lösungsansätze:

- Welche Ressourcen/Stärken (im Fühlen, Handeln, Denken) wurden bei Ihrer letzten herausfordernden Ausnahmesituation (z. B. beim Boxen) ausgelebt?
- Was bringen Ihnen diese Ressourcen/Stärken für Ihr Ziel?
- Welchem Ihrer Persönlichkeitsanteile (z. B. „innerer Rabauke", „Amazone", „Mutiger") verdanken Sie diese Ressource/Stärke?
- Welche der Ressourcen/Stärken bräuchten Sie vor Ort (in welcher Situation) am meisten?
- Was müssen Sie besonders beachten, wenn Sie diese Ressource/Stärke ausführen?

- Worauf kommt es da an? Bitte Aufzählen: …
- Was muss die Stärke tun, um von Ihnen beachtet zu werden?
- Welchem wichtigen Wert entspricht Stärke?
- Was würde die Stärke Ihnen am meisten raten? Was noch?
- Welche Kriterien müsste die Stärke-Lösung erfüllen, damit es eine „gute" Lösung für Ihr Ziel ist?

Lösungsgestaltung:

- Was bedeuten die Lösungsansätze für die Erreichung Ihres Ziels?
- Was müssen Sie beachten, um die Lösungsansätze auf die Zielsituation zu übertragen?
- Was müssen Sie konkret tun/denken/fühlen, damit Ihre Stärke Ihrer Lösungsansätze bleibt, solange Sie sie brauchen – und damit Ihre Ausnahme (z. B. der Boxerfahrung) sich wirklich für Sie gelohnt hat?
- Was müssten Sie konkret von Ihrer Stärke hören, damit Sie ein wenig in Richtung Ziel gehen?
- Und wenn Sie das hören, wie würde sich Ihr Denken, Fühlen, Verhalten ändern?
- Und welche Verhaltensänderung würde das bei der Person XY hervorrufen?
- Was würden die Lösungsansätze, übertragen auf Ihre Situation, bedeuten bzw. verändern? Was tun Sie da anders?
- Was schätzen Sie an der neuen Situation?

Maßnahmen:

- Welche Maßnahmen müssten Sie konkret setzen, damit Sie Ihre Ressourcen/Stärken XYZ optimal nutzen können?
- Was tun Sie (morgen), um Ihrem Ziel (ein klein wenig) näher zu kommen?

- Woran werden Sie konkret merken, dass Ihre Lösungsansätze Ihr Ziel (ein klein wenig) verwirklichen?
- Was ist dann anders? Was tun Sie da konkret anders? Woran merken Sie und andere das?
- Was ist der Preis (der, den Sie bekommen, und der, den Sie dafür bezahlen müssen)?

Muhammad Ali machte aus seinen Ausnahmen Regeln für uns.

27. Der Körper kontert für dein Reframing

Wer seine Ausnahmen zum Problem mutig gewagt und hier entschlossen gehandelt und das emotional erlebt hat, erzählt sich, um diese Erfahrungsspur in seiner Geschichte bereichert, sein Leben etwas anders.

„Hier – an der Schnittstelle von Erleben und Handeln oder Erzählen – lässt sich die Produktion von Affekten situieren", schreibt Arnold Retzer (2002, S. 15) treffend. Ihre Affekte, ausgelöst durch Ihr Wagnis der Ausnahme, ermöglichen Ihnen, Ihre Erfahrungen und damit natürlich auch immer sich selbst neu zu bewerten. Die „Dimensionen", nach denen Sie mit Ihren Affekten hierbei (neu) bewerten, betreffen recht einfache, doch grundlegende Koordinationen von „stark-schwach", „aktiv-passiv", „gut-böse" (Simon 1999, S. 134; Retzer, ebd., S. 16). Wenn beispielsweise der Tischnachbar im Restaurant auf Sie immer noch beleidigend einwirkt, Sie aber innerlich plötzlich Mut verspüren, beherzt loszulegen und zu kontern, bewerten Sie sich demnach als „stark" (statt schwach), „aktiv" (statt passiv) und „gut" (den anderen „böse").

Hiernach sortierte Wolfgang Frakes seine Selbsterzählung neu. Sein „innerer Held", der Lausbub Gfrast, bewertete seine Erfahrungen nunmehr nach körperlich progressiven Kriterien, die für Frakes zugleich doch früher einmal vertraut gewesen, nur eben verdrängt und lange vergessen waren. „Behände und leicht" konnte Frakes die Dinge plötzlich nehmen, sich „stark und überlegen" fühlen, auch wenn er in Bedrängnis geriet, sodann „entschlossen handeln", wenn es drauf ankam, und das Leben mehr von seiner „positiven freundlichen Seite sehen". Für Frakes war das gar nicht so weit hergeholt, wie er die Dinge da plötzlich neu sah.

Und das gilt für die Faustregeln auch Ihrer Selbstführung schlechthin: Ihr Körper und Ihre Affekte liefern Ihnen kohärente Bewertungskriterien – und keine fremden Währungen. Was durch Ihre Ausnahmen in Ihnen auflebt, ist von Ihrem Atem durchdrungen. Es sind Ihr Körper (Affekte) und Ihre Beziehungsmuster (Kommunikation), die Ihrer Psyche (Selbsterzählung) durch die Ausnahme der Herausforderung neue Anstöße liefern, Ihr Leben stimmiger und in jedem Fall neu bewerten und deuten zu können (vgl. Kapitel 11 „Das Innere des Boxrings …“).

Die Psyche kann jeden Treffer zum Stoß ohne Belang oder zum Tiefschlag umdeuten.

Was Ihre Psyche von diesen verstörenden oder anregenden Anstößen beherzigt, wird nicht von den Aufregungen Ihres Körpers oder durch die Anregungen Ihrer (kommunikativen) Beziehungsmuster bestimmt. Ihre Psyche entscheidet, was an Impulsen für Ihre neue Selbsterzählung aufgegriffen wird und wie diese Anstöße wirken und wozu sie realisiert werden sollen. Wonach und wozu Ihre Psyche entscheidet, hängt unabdingbar von Ihren konkreten Zielvorstellungen ab. Je klarer Sie das wissen, je detaillierter Sie sich vorstellen können, was Sie erreichen wollen, umso treffsicherer sortiert Ihre Psyche die Umweltanstöße und deren psychische An- und Aufregungen aus. Vorausgesetzt, Sie vertrauen dabei Ihren somatischen Selbstanteilen (ohne ihnen sklavisch zu folgen) und verstören oder unterbrechen dadurch die chronischen Muster Ihrer kognitiven Routinen, dann können Sie nach folgenden vier Möglichkeiten Ihre Erfahrungen neu bewerten umdeuten und entsprechend anders handeln.

4 „Ringseile“ zum Reframing

1. Alles bleibt beim Alten – Sie aber verhalten sich neu und fühlen (sich) auch dabei anders: Sie fügen einem gleich bleibenden Konfliktkontext eine neue Verhaltensweise hinzu und

möglichst auch Ihre dazu gehörenden neuen Gefühlserfahrungen. Dadurch können sich im alten Kontext, der bislang Ihr ebenso altes (unliebsames) Verhalten gestützt hat, neue Muster ergeben. (Der Direktor pflaumte Frakes in der Schulpause wie gewohnt an, Frakes aber konterte mit einem Feedback, der Direktor solle seinen Ton bitte angemessen zügeln. Und Frakes fühlte sich dabei auch mutig wie beim Boxen.)

2. Alles bleibt beim Alten, auch Ihr Verhalten – Sie deuten aber Ihr altes Auftreten anders: Dem gleichen Konfliktkontext fügen Sie hierbei zwar Ihre gleiche alte Verhaltensweise wieder hinzu, geben dem aber eine andere Bedeutung, wodurch sich die Wirkung Ihres alten Verhaltens verändern kann. (Der Direktor pflaumte Frakes wieder an, Frakes reagierte wie gewohnt freundlich-nett, sagte sich aber im Stillen: „Das trifft mich gar nicht mehr, die Wortschläge des Direktors sind für mich ohne Belang; trotzdem wahre ich dabei meine Größe, dem Pflaumer gegenüber noch höflich zu bleiben. Außerdem: Eigentlich hätte ich das gar nicht mehr nötig, denn ich weiß, ich kann auch anders." Diese innerlich lächelnde Gelassenheit verwandelte Frakes höfliches Verhalten in eine souveräncoole Haltung.)

3. Alles bleibt beim Alten, auch Ihre Kontextdeutungen und Ihre Gefühle dazu – Sie verhalten sich aber anders als gewohnt. Dem gleichen Konfliktkontext samt Ihrer emotional bewertenden Einstellung fügen Sie ein neues Verhalten („Als-ob"-Handlung) hinzu. Dieses neue (gespielte) Verhalten wirkt sich nicht nur auf Ihren Kontextpartner möglicherweise verändernd aus. Rückwirkend auf Ihre Selbstwahrnehmung, kann Ihr Als-ob-Verhalten vor allem Ihre Gefühle verändern und entsprechend neue Kontextdeutungen bewirken. Wolfgang Frakes zuckte unter der Gängelei des Direktors wieder empfindlich zusammen, litt unter der Schmach vor all den anwesenden Kollegen und fühlte sich vor lauter Angst ohnmächtig. Dann fiel ihm Alis Weisheit ein: „Wenn du Angst hast, tu einfach so, als ob du keine hättest." Da klatschte Frakes vor den Kollegen und dem Direktor laut in die Hände und fragte ihn:

„Okay, und was würden Sie an meiner Stelle genau jetzt in diesem Moment tun?“ Stille rundum. Der Direktor überlegte kurz. Das gab Frakes trotz seiner Angst wiederum Gelegenheit, nachzusetzen: „Jedenfalls würden Sie mir bestimmt nicht die gleiche Frage stellen können.“ Schmunzeln rundum. Das alles wirkte auf Frakes zurück, der sich fürs nächste Spielchen gewappnet fühlte.

4. Alles bleibt beim Alten, auch Ihr Verhalten, Ihre Deutungen und Ihre Gefühle – Sie nehmen aber zu Ihren alten Gefühlen eine neue Haltung ein. Zu Ihren unveränderten Kontextgefühlen entwickeln Sie eine neue Einstellung, einen übergeordneten Gefühlsraum (z. B. Angst gelassen akzeptieren). Aus dieser neuen Haltung zum gewohnten inneren Kontextmilieu wird ein bestehendes Gefühl (Angst) in einen neuen Erlebnisraum („Körperzentrum“/„Ort“) der akzeptierenden Auseinandersetzung gebracht. Das kann Ihre Gefühle, Ihre Deutungen und Ihr Verhalten verändern, was sich wiederum verändernd auf Ihren Kontext auswirken kann. Der Direktor pflaumte Frakes wieder an. Frakes blieb höflich, deutete die Szene inmitten des Lehrerkollegiums auch weiterhin als „schlimm“, spürte ein Gemisch aus Angst und Wut, konnte dazu aber eine gelassen akzeptierende Haltung [Gefühlsraum] einnehmen. „Ich habe beim Boxen gelernt, mit meiner Angst gelassen umzugehen.“ Und diese Gelassenheit minderte Frakes „Angst vor der Angst“, relativierte seine Kontextdeutung „schlimm“ in „entlarvend für den Direktor“ und entkrampfte letztendlich sein Verhalten ihm gegenüber. Das wiederum spürte der Direktor und reagierte mit einem nachsichtigen Frotzeln.

Nicht das verletzt uns, was uns angetan wird, sondern das, wie wir darauf reagieren.

Bei diesen vier Schritten kommt es also darauf an, Ihr eigenes chronisches Echo auf Ihre Umwelt zu unterbrechen. Unser systemisch komplexes Alltagsleben, ein Gewebe aus Verhalten, Gefühlen, Selbsterklärungen, Kontexterwartungen und Umweltreaktionen, stabilisiert sich durch Rückkopplungseffekte selbst. Erreiche ich also durch mein Fühlen, Denken und Handeln eine andere Wirkung, kann die wiederum eine andere Rückwirkung meiner Umwelt auf mich erzielen. Und sollte dieses neue „Echo“ zu meinem bisherigen Leben nicht mehr passen, dann verändert sich durch meine Wahrnehmung dieser Rückkopplung möglicherweise auch mein Selbstverständnis. Wer hier also etwas ändern will, der sollte nach den vier erläuterten „Ring-Seil“-Optionen ab und zu mal kräftig in die Hände zu klatschen. Andere Geräusche, anderes Echo – neues Leben.

28. Selbsttreue erfordert oft Mut

„Schön und gut“, werden Sie vielleicht sagen, „das klingt ja alles plausibel, mal in die Hände klatschen, um andere Wirkungen zu erzeugen. Aber machen Sie das mal im Alltag, bei meinem Chef zum Beispiel oder bei einem mir wichtigen Kunden, der meine Dienste ausnutzt.“ Solche Einwände sind berechtigt. Vor allem in Konfliktseminaren werden solche Vorbehalte häufig vorgebracht, wenn es gilt, im gewohnten Alltagsmilieu chronische Muster und Teufelskreise aufzubrechen. Und da kann ich immer nur eines sagen: Vielen Menschen fehlt – meist aufgrund von Beziehungseinflüssen – der Mut und die Treue zu sich selbst. Wer mutig ist, glaubt an sich vielleicht nur in solchen Momenten des Mutes. Den Mut haben wir hier bereits erläutert als eine Mental-Energie der Annäherungstendenz mit Selbstwert-Impulsen. Der Mensch wagt etwas, eine Tat, eine Entscheidung, eine Veränderung – und steuert sein Handeln entschlossen auf etwas zu. Mut beruht auf dem Willen des Menschen, ihn (wieder) haben zu wollen. Nochmals: Mut kann der Mensch lernen.

Im Unterschied zum Boxer, der im Ring nur einen Gegner hat, steht der Mensch alltäglich in einem Geflecht heterogener Fremdeinflüsse. Das kann die konzentrierte Eroberung des Mutes zur Selbsttreue kompliziert machen. Doch jede Komplexität lässt sich mental und handelnd bekanntlich reduzieren, und gerade hierzu bietet die Situation des Boxers dem Handlungskomplex eines Menschen, der aufmerksam und mutig wirksam werden will, ein effektives Frage-Korrektiv:

Komplexitätsreduzierendes Frage-Korrektiv zur Selbsttreue

- Was genau will ich?
- Wo geht meine Reise eigentlich hin?
- Wonach bestimme ich meine Reise?
- Wozu sollte ich mich dabei von wem oder was überhaupt beeinflussen lassen?
- Sind meine Ziele meine Ziele?
- Welche wesentlichen Dinge müssen bewahrt und durchgesetzt werden?
- Worum geht es mir dort, wo ich ankommen will?
- Sind meine Ziele die Ziele anderer?
- Was hindert mich, zu tun, was ich tun will?
- Was erspare ich mir, wenn ich es unterlasse?
- Was gewinne ich, wenn ich es wage?
- Was versäume ich, wenn ich es vermeide?
- Stehe ich voll und ganz hinter dem, was ich tue?
- Wie schätze ich mich selbst ein in dem, was ich vorhabe?

Der Boxkampf konfrontiert uns mit einem Echtverhalten jenseits konstruierter Komplexitäten.

Der Mensch kann anderen Menschen schon mal ausweichen, aber niemals sich selbst und solchen lebenswichtigen Fragen. Wer das nicht wagt, macht womöglich biografische Rückschritte auf mitunter kindliche Verhaltensmuster: sich ängstlich ducken, kritiklos hinnehmen, passiv zustimmen, naiv glauben, feige befolgen. Und wozu?

Erkaufte Harmonie, trügerische Ruhe, erschmeichelte Fremdakzeptanz. So entsteht häufig eine Art Währung der Selbstverleugnung und generiert allzu schnell den Preisverfall zum Symptom.

Damit hier kein falscher Eindruck entsteht: Der sozialen Kompetenz, der Fähigkeit, einfühlsam, konstruktiv, verständnisvoll und konsensbereit mit anderen Menschen, sei es privat oder beruflich, auf ein gemeinsames Ziel hinzuarbeiten, soll nicht einseitig der Egoismus oder die Rücksichtslosigkeit des Boxsports entgegengestellt werden. Soziale Kompetenz ist wichtig für das alltägliche Miteinander und fehlt allzu häufig. Allerdings verstehe ich soziale Kompetenz dialektisch: als konstruktiv-wertschätzendes Miteinander von Individualisten – wörtlich verstanden als un-teilbare Einheiten kooperativer, aber auch konfliktfähiger und – im Sinne des Fair Play – konfliktbereiter Persönlichkeiten.

Der Boxer weicht seinem Gegner schon mal aus, aber niemals sich selbst.

In diesem Mut-Buch steht der Boxer während eines Kampfes sinnbildlich für diejenige psychische Seinshaltung, die konsequent „Ja" zum Menschen sagt, für einen Kampf um menschliche Seinshaltungen, für einen Kampf für und um mich selbst und für all das, was es Wert macht, zu leben – und zu kämpfen. Diese wertschätzende Haltung zu sich selbst in der herausfordernden Konfrontation generiert die Haltung zur verstörenden Umwelt des Gegners. Denn ein stabiler Selbstwert, dieser autonom hergestellte Eigenwert unserer selbst, sichert maßgeblich unsere überlebenswichtige Haltung zum Leben ab. Deshalb sollte die soziale Kompetenz, weich in der Beziehung und hart in der Sache, nicht zur Selbstverleugnung degenerieren.

29. Vergleichen heißt verzweifeln

Mal angenommen, Sie beherzigen all diese Tipps, Regeln, Weisheiten und Techniken im Kontakt mit anderen Menschen. Und dann stellen Sie womöglich fest: Da ist noch etwas, das mich hemmt! Und das könnte, möchte ich fast wetten, der kognitive Mechanismus des Vergleichens sein. Eine große Gefahr für die Selbstachtung und den Wagemut zuversichtlichen Handelns ist der innere Zwang des Menschen, sich mit anderen Menschen fälschlicherweise zu vergleichen und dabei tendenziell sich selbst abzuwerten. Das resultiert zumeist aus anerzogenen „Denkschleifen“ unserer Kindheit und wirkt bis ins hohe Alter nach: die Selbstbildkonstitution frühkindlicher Prägungen. Das Kind „baut“ sein Selbstkonzept über gedeutete „Botschaften“ aus seinem Beziehungskontext zu seinen Mitmenschen auf: Wie nehmen mich andere Menschen „wahr“? Was „sagen“ mir deren Gesten, Verhaltensweisen, Formulierungen, Haltungen oder Blicke, mit denen sie mir begegnen, was für eine Person ich „bin“? Aha, so eine/einer „bin“ ich also, wenn die das „meinen“.

Die Maßstäbe für unseren Selbstwert werden im Laufstallgehege der Kindheit gesetzt, also in der Aufbauphase unserer Identität, wenn uns emotional bedeutsame Bezugspersonen mit ihren Beziehungsbotschaften beeinflussen („du bist [nicht] …, du kannst [nicht] …, ich kann an dir … [nicht] leiden …“). Und diesem einbahnig gesteuerten Einfluss vermag das Kind bis zu einem gewissen (reflexiven) Reifungsgrad kaum gegenzulenken. Das Kind hängt emotional nun mal ab von denen, die sein Überleben (vorerst) sichern. In dieser Abhängigkeit steuert (zumeist) die Angst den rettenden Ankerwurf der Gedanken. Mit seinen Gedanken spinnt das Kind aus den langsam sich entwickelnden neuronalen Windungen der Großhirnrinde (Kortex) heraus seine Taue kognitiver Sicherheit hinüber zu denen, von denen es abhängig ist. Und damit entrollt der Mensch über dem emotionalen

Gewoge der Innen- und Umwelt-Balancen seine überlebenswichtigen Denkschleifen – mit Folgen bis zum Lebensende.

Der Vergleich ist der Tod des Glücks

„Bitte helfen Sie mir! Andere sind besser als ich." Zu den Hauptanlässen von Coachingprozessen zählt der „Nachbarblick", diese so genannte projektive Externalisierung der eigenen Wertigkeit. Das meint: Der Mensch überträgt (projiziert) auf andere Menschen (extern) seine Maßstäbe dafür, wie er sich selbst zu bewerten glaubt. Bei der einen mag es die zum Essen eingeladene Chefin des Ehegatten sein, bei einem anderen der Nachbar mit seinem S-Klasse-Wagen, bei einem dritten der Coachingkollege während einer gemeinsamen Vorstandsberatung – Alltagsszenen des Vergleichens: Ist sie attraktiver als ich? Verdient er mehr als ich? Ist sein Beratungsansatz besser als meiner? Täglich kann der Mensch sich dazu selbst verführen, Gefahrenschauplätze für seine Selbstachtung zu inszenieren. Die Gefahr dabei: Den Be(i)stand seiner Selbstbewertung macht der Mensch vom Vergleich mit anderen abhängig.

Reflexbereit geben Menschen ihrem fremdgesteuerten Anerkennungsgehabe allzu leicht nach und knicken oftmals schon allein unter Blicken, die womöglich einseitig-abschätzig gedeutet werden könnten, kläglich ein. Manche Klienten, ob nun als Privatperson oder als Manager, mussten tatsächlich erst in den Boxring steigen, um erleben und erlernen zu können, was es heißt, bedingungslos zu sich selbst „Ja" zu sagen und das Selbst-Sein durchzuboxen.

Ein fairer Boxkampf wertet das Prinzip der Nächstenliebe, sobald die Selbstachtung auf dem Spiel steht, in den Wertekampf eines Grenzkonfliktes zwischen unvergleichlichen und daher gleichberechtigten und gleichwertigen Individuen um.

Nochmals: Die Haltung des Menschen, der für und um sich selbst zu kämpfen versteht, wirkt aus einer psychophysischen Ganzheitlichkeit heraus. Wer kämpft, denkt immer auch an sich und seine Selbstachtung. So berichten Klienten in den Coachings immer wieder von euphorischen Augenblicken, wenn sie in persönlichen Auseinandersetzungen, schwierigen Konfliktsituationen oder beruflichen Verhandlungsgesprächen ihren Wagemut und Kampfgeist, die in jedem Menschen stecken, gegen ihr Harmoniebedürfnis und ihre Anerkennungssucht mobilisieren konnten.

Wer kämpft, vergleicht nicht.

Will der Mensch gesichert sein vor der Falle des Vergleichs, sollte er sich überlegen, woher der Maßstab dazu eigentlich kommt. Hinter dem Vergleichen lauert ein Mechanismus, den man in der Tierwelt Mimikry nennt: der Umwelt täuschend gleich werden. Nochmals gewettet: Der Maßstab zum Vergleich mit anderen rührt zumeist aus kindlichen Selbstkonzepten her, die über eine Anerkennungs(sehn)-sucht das (emotionale) Selbstwertgefühl durch andere Menschen zu sichern versuchen. Vergleiche suggerieren Gegner dort, wo keine sind. Also gilt es, die mentalen Boxhandschuhe überzuziehen und den Kampf gegen neuronal gemusterte Ich-Strategien anzutreten, statt ahnungslose Mitmenschen zu bekämpfen. Und dabei sind es oft nicht einmal die extremen Situationen, in denen der Mensch unter Selbstzweifeln vorzeitig aufgeben will, sondern, das zeigt die Coaching-Praxis immer wieder, Situationen, denen etwas Belangloses anhaftet: ein Streit mit dem Partner, Freund oder Kollegen, die Ablehnung eines privaten Wunsches oder beruflichen Projektschrittes, Verzögerungen in der Kommunikation, der abweisend wirkende Blick eines Vorgesetzten, der barsche Ton eines Kollegen. Mit solchen „belanglosen" Dingen zwingen sich manche Menschen selbstsuggestiv in die Knie bis zur inneren Kapitulation.

Werner Sanftlich, Ende vierzig, verheiratet und selbständiger Eventmanager, litt unter einem unsicheren Bindungsstil, der ihn „permanent beim anderen sein“ ließ. Das wirkte sich so weit aus, dass er in Gesprächen mit seiner Ehefrau, mit Freunden oder auch Verhandlungspartnern „keinen eigenen Standpunkt“ spürte, Angstzustände bekam, wenn seine Frau für mehrere Tage wegfuhr, und ein hochsensibles Sensorium entwickelte für die Erwartungen seiner Mitmenschen aus der Befürchtung heraus, abgelehnt zu werden. „Vergleichen, abgleichen, gleich werden wollen“ – das war sein angstmilderndes Mimikry-Muster, unter dem er litt.

Beim Boxen lernte er, sich und seinen Gegner als „zwei verschiedene Personen“ zu erleben; sein konfluenter Bindungsmodus hatte zuvor das Eigene und das Fremde zum Einerlei verwischt. Auch lernte er, dass „nichts Schlimmes passierte“, wenn er angriff und den anderen attackierte, um dadurch überhaupt erst „einen eigenen Standpunkt“ zu gewinnen.

Für diesen „inneren Kampf“ gegen eine quasi-symbiotische Beziehungsform identifizierten wir über die Arbeit mit dem Inneren Teamsystem die Figur des „Autonomen“. Diesen Persönlichkeitsanteil hatte Herr Sanftlich seit seiner frühen Jugend verdrängt, nachdem er eine für ihn traumatische Trennung der Eltern miterleben musste. Er wohnte bis ins Erwachsenenalter bei seiner Mutter, die ihren eigenen unsicheren Bindungsstil beim Sohn als nunmehr latenten Ehemannersatz weiterhin fortsetzte. Dadurch verlor der Junge nach und nach, so die autobiografische Gedächtniskonstruktion des Klienten, die alternativen väterlichen Bindungsstile. Der Vater hatte ihm anfangs Vorbildanreize geboten für ein eigen- und selbständiges Handeln gegenüber dem verwischenden Bindungsstil der Mutter, der beim Klienten nunmehr zur maßgeblichen Beziehungsform generalisiert wurde; autonomes Selbst-Sein erhielt kaum noch Gelegenheiten, gelebt und dadurch neuronal verstärkt werden zu können.

Gleichwohl, die Muster eines dynamisch-offensiven Selbstanteils, der sich auch konfrontationsfähig wehren konnte, waren neuronal längst angelegt seit der Kindheit, waren also trainierbar; die Metapher des „Autonomen" vertrat das Prinzip des Freiheitskampfes. Hierauf konzentrierten sich dann auch die Interventionen des Coachings und schlugen damit gleichsam die Ringglocke an, um den Klienten selbstkompetent wirksam agieren zu lassen.

Mit Rollenspielen im Coaching und „Hausaufgaben" für sein privates Umfeld und seinen Beruf schaffte es Sanftlich, seinen chronifizierten Bindungsstil des „grenzenverwischenden Zweiflers" (als Rückfallgefahr stets virulent) in konfrontativen Situationen mit anderen Personen Runde um Runde auszupunkten.

Hierzu hatten wir ein emotionales Signal (erhöhter Herzschlag bei kribbelnden Händen) festmachen können, das beim Klienten jedes Mal, wenn es brenzlig wurde, auftrat und ihn bislang verleitet hatte, selbstzweifelnd nachzugeben. Das Emotionssignal trat weiterhin auf, doch wir hatten es diesmal mit einem Ringglockenklang in Kombination mit einem Schritt nach vorn, einem ruhigen tiefen Atemrhythmus und einer grifffesten Faust geankert. Mit diesem Klang-Schritt-Atem-Faust-Signal, selbstsuggestiv abruf- und vorstellbar, fiel Werner Sanftlich immer seltener ins defensive Konfluenzmuster zurück, setzte vielmehr seine offensiven (rollenspieltrainierten) Strategien mehr und mehr durch und erboxte damit die für ihn lebensnotwendigen Standpunkte seines Lebens.

Selbstmaßstäbe austeilen ist seliger als Vergleiche einstecken (sprach nicht nur der Boxer).

Auch bei diesem Klienten, exemplarisch für viele Symptome und Probleme bei Menschen, haben sich die hier bereits erläuterten therapeutischen Ergebnisse aus der Gehirnforschung bestätigt. „Negative emotionale Reize bahnen Assoziationen, Repräsentationen und Verhaltensprogramme im Vermeidungssystem, positive emotionale Reize solche im Annäherungssystem“ (Grawe 2004, S. 383). Sobald der Mensch seine „Annäherungstendenzen“ (Neokortex) chronisch abschwächt und gleichzeitig die „Vermeidungstendenzen“ (Amygdala) verstärkt, schwächt er sein Selbstwertgefühl und damit sein Zutrauen in ein selbstkompetentes Handeln erheblich ab. Ein Teufelskreis entsteht zwischen sich selbst verstärkenden Vermeidungen und gleichzeitiger Entkräftung der Annäherungstendenzen.

Wer mutig nach vorne geht, hört auf mit dem Vergleichen; wer ängstlich vermeidet, fängt damit an.

Das Boxen, paradigmatisch für ein mentales, emotionales wie physiologisches Training unserer sich selbst verstärkenden Annäherungstendenzen, bricht den Teufelskreis der Vermeidung und damit des Vergleichens auf. Nochmals: Wer boxt, blickt keinen Nachbarn an, sondern denkt an sich und – geht los!

30. Uppercuts[16] der Helden-Werte

Wir kommen zum Schluss. Hier möchte ich kein Resümee ziehen. Das haben Sie bestimmt schon längst selbst gezogen – und ich hoffe, zu Ihren Gunsten. Auf eines aber möchte ich zum Schluss noch Ihre Aufmerksamkeit richten: die Werte des Boxens. Damit möge der Wert des Boxens als Metapher selbstbestimmten Lebens für Sie abschließend noch einmal kurz aufleuchten.

Wenn ich in meinen Coachings und Seminaren (insbesondere mit Führungskräften und Managern) auf diese Werte zu sprechen komme, wird (und gar nicht einmal von mir selbst) immer wieder darauf hingewiesen: Die Werte des Boxens erwecken klassische Werte und Tugenden unserer Kulturgeschichte zum Leben der (mitunter vergessenen) Helden-Werte. Die archetypische Sehnsucht des Menschen, in entscheidenden Lebenssituationen heldenhaft handeln zu können, scheint unversiegt und blüht beispielsweise in Selbstführungsseminaren emotional ungebrochen bei Übungen wie „Entdecke Jeanne d'Arc und Achill in dir“ erneut auf: Menschen wollen wieder so etwas wie eine „Heldennatur“ in sich erleben.

In den Werte-Kapiteln (Kapitel 20 bis 22) haben Sie zu den „Faustregeln der Selbstführung“ Ihre Werte als die energetischen Motivquellen aktivieren können. Hiernach richten Sie Ihre Ziele aus. Wer konsequent seinen Alltag wertebewusst gestaltet, begreift sein Leben immer auch als eine vorgegebene Aufgabe: Erkenne und führe dich selbst im Sinne eigenverantwortlicher Selbstbestimmung.

Was aber unterscheidet davon jetzt die Werte des Boxens? Das ist das Mut-Prinzip.

---

16 Aufwärtshaken

Die Erfahrungen aus dem BoxCoaching haben immer wieder deutlich gemacht: Die Werte des Boxens liefern pragmatischen Nutzen für ein auf Mut, Selbsttreue und Herausforderung ausgerichtetes Selbst(er) leben eines jeden Menschen:

Die Werte des Boxens

Würde, Präzision, Mut, Selbstverantwortung, Disziplin, Zielstrebigkeit, Siegeswille, Fairness, Ehrlichkeit, Selbstvertrauen, Entschlossenheit, Respekt, Glaubwürdigkeit, Standhaftigkeit, Selbstbeherrschung, Beharrlichkeit, Selbsterkenntnis, Autonomie, Zuversicht, Schlagfertigkeit, Eigenantrieb, Leidenschaft, Kampfgeist, Herausforderung, Risikofreude, Selbstüberwindung, Persönlichkeit, Kühnheit, Flexibilität, Gerechtigkeit, Ehrgeiz, Selbstachtung, Optimismus, Schnelligkeit, Innovation Persönlichkeit, Leistung, Einsatzbereitschaft, Spaß, Qualität, Ausdauer, Anstrengung und körperliche Gesundheit.

Und zu alledem: nicht aufgeben und immer, immer wieder aufstehen!

Wir könnten diese Werte eben auch „Helden-Werte" nennen. Sie bieten Ihnen zur Steuerung Ihrer Selbstsysteme Leitmotive für ein Leben nach Ihrer individuellen Mutlogik an. Wurden Sie in Ihrem Leben schon einmal richtig herausgefordert? Standen Sie gar mit dem Rücken an der Wand? Oder haben Sie Menschen in solchen Situationen schon einmal erlebt? Dann dürften Sie festgestellt haben: Werte bewahren und beweisen sich gerade dann, wenn der Mensch in Bedrängnis gerät – so wie der Boxer im Ring, so wie der Mensch in entscheidenden Lebenssituationen. Es sind oft erst die Grenzsituationen des Lebens, in denen sich der Charakter der Persönlichkeit zeigt und bewährt (oder eben auch nicht): Prozesse der Liebeskrisen und Trennungen, der Lebenskrisen und Sinnerschütterungen, der Beziehungskonflikte und ihrer langwierigen Auseinandersetzung, Prozesse aber auch der beruflichen Veränderungen oder gar existentiellen Gefährdungen, Augenblicke des schnellen Handelns und der unumkehrbaren Entscheidungen.

Solche Lebenssituationen fordern den Menschen wie beim Boxen extrem heraus, und seine Reaktionen darauf hängen insbesondere von seinen individuellen Werten ab. Und die Praxis des BoxCoachings zeigt es immer wieder: Wie der Mensch sich im Ring verhält, so verhält er sich zumeist auch in herausfordernden Augenblicken seines Lebens. Das Werteprinzip stellt sich für einen Boxer schnell heraus, denn ein Boxkampf lässt Zweifel über sich und seine Wertehaltung kaum zu.

Der Boxer verzweifelt vielleicht am Rest der Welt, aber niemals an sich selbst und seiner Wertehaltung – es sei denn, er will verlieren.

Unsere Haltung zu unseren Werten und der Wertebezug zum Leben entscheiden, wie wir auf das reagieren, was wir erleben. Darauf kommt es am meisten an für diejenigen, die ihre Selbstachtung bewahren wollen. Denn die Selbstachtung zählt zu den höchsten Preisen, die wir zahlen im Leben. Und diesen Preis bestimmen und zahlen allein wir selbst. Selbsterfahrung heißt immer auch, seine Werte zu prüfen und ihnen, konsequent handelnd, Konturen zu geben. Gerade der Boxstil drückt die Wertehaltung eines Menschen gegenüber seiner Wirklichkeit aus.

Nun soll hier nicht der Eindruck entstehen, als reflektierte der Boxer intensiver über seine Werte, als andere Menschen es tun. Doch bietet seine Haltung der Selbsterfahrung während des Kampfes eine unvergleichliche Metapher für das Bei-sich-Sein eines Menschen im Augenblick äußerster Bedrängnis, für eine Situation also, in der sich Menschen in Grenzsituationen und Lebenskrisen häufig befinden. Mehr noch: Der Boxstil zeigt eine der letzten möglichen Haltungen des Menschen zum Leben diesseits der Verleugnung und der Lüge. Denn das Boxen bringt den Menschen in psychisch und physisch extreme Situationen, die als Grenzerfahrungen so etwas wie den

„wahren Charakter", gleichsam das Basis-Selbst, zu enthüllen helfen. Wer boxt, kann sich nicht verstellen, kann nicht lügen und stellt umgekehrt fest, dass er sich allzu häufig verstellt, wenn er denn nicht mehr boxt.

Gerade das Boxen stellt die Menschenwürde, so paradox es klingen mag, dabei auf ein lebensnahes Fundament der Selbstüberzeugung zurück.

Der Mensch im Ring, befreit vom Sachzwang unbeherrschbarer wie fremdbestimmter Produktionslogiken, erkämpft sich mit den Mitteln seiner Wertehaltung und emotionalen Ressourcen die Freiheit seiner Authentizität und Kongruenz (Kongruenz: Übereinstimmung mit sich selbst) zurück. Der Boxer verkörpert die Art des Lebens, vor der ein Mensch nicht entfliehen kann, vor sich selbst und der Gegenwart seiner Gegnerschaft nicht. Sollte es einem Menschen, der Wert auf ein für sich stimmiges und durch ihn selbst bestimmtes Leben legt, anders gehen?

> **„Ich weiß zwar nicht genau, was passiert ist"**, meinte Klaus Hergau, ein Frankfurter Steuerberater, der unter Selbstwertproblemen und einem „Wischiwaschi-Verhalten" gelitten und sich selbst als „Chamäleon seiner Umwelt" beschrieben hatte nach beendetem BoxCoaching, „aber die Menschen um mich herum, mit denen ich alltäglich zu tun habe, meine Freunde, meine Mitarbeiter, meine Kunden, ja selbst meine Frau verhalten sich mir gegenüber jetzt plötzlich ganz anders, genau so, wie ich mir das immer gewünscht habe, mit mehr Achtung und Respekt. Ich trete selbstbewusster und entschiedener auf, ich blicke dem anderen konzentrierter in die Augen und spreche dabei klarer und kräftiger, und vor allem spüre ich jetzt den Mut wie im Ring, ranzugehen an den Menschen, aber nicht, um zu kämpfen, sondern um das zu sagen und zu tun, was ich für richtig halte und was mir wichtig ist. Und da passiert überhaupt nicht das, was ich immer befürchtet habe, ganz im Gegenteil.

> Mit einemmal begreife ich, fast alles hängt von mir ab und von dem, wie ich auf was reagiere und was ich mir dabei selbst sage. Und vor allem: Ich kann jederzeit selbst bestimmen, was zu leben ich mir gewünscht habe – wenn ich nur will und es wage!“

Wieder ein Sieg nach den „Faustregeln der Selbstführung“ – im Kopf erfunden und geplant und vom Leben selbst organisiert und bestätigt.

Es sind die Herausforderungen Ihres Mutes, die Sie zur Wahrheit Ihrer selbst bringen (werden).

Literatur

BAUER, J. (2007): Das Gedächtnis des Körpers. München: Piper

CIOMPI, L. (1998): Die affektiven Grundlagen des Denkens. In: R. Welter-Enderlin/B. Hildebrand (Hrsg.): Gefühle und Systeme. Heidelberg: Carl-Auer

CIOMPI, L. (1999): Die emotionalen Grundlagen unseres Denkens. Göttingen: Vandenhoeck & Ruprecht

CUBE, F. (2004): Lust an Leistung. Die Naturgesetze der Führung. München: Piper

DAMASIO, A. R. (2001): Descartes' Irrtum. München: dtv

DAMASIO, A. R. (2006): Ich fühle, also bin ich. Berlin: List

DENEKE, F.-W. (2001): Psychische Struktur und Gehirn. Stuttgart: Schattauer

DIEZ, I. & TH. (2007): Selbst in Führung. Paderborn: Junfermann

FUCHS, H./HUBER, A. (2003): Das Rubicon-Prinzip. München: dtv

GILLIGAN, ST. G. (2004): Liebe dich selbst wie deinen Nächsten. Heidelberg: Carl-Auer

GRAWE, K. (2004): Neuropsychotherapie. Göttingen: Hogrefe

HÜTHER, G. (2004): Die Macht der inneren Bilder. Göttingen: Vandenhoeck & Ruprecht

HÜTHER, G. (2005): Biologie der Angst. Göttingen: Vandenhoeck & Ruprecht

JOB, B. (2003): Boxen. Berlin: Feierabend

JUNG, C. G. (1993): Über die Entwicklung der Persönlichkeit. Gesammelte Werke, Bd. 17. Solothurn: Walter

LAKOFF, G./JOHNSON, M. (2003): Leben in Metaphern. Heidelberg: Carl-Auer

LAY, R. (1995): Führen durch das Wort. Frankfurt am Main: Ullstein

MATURANA, H. R. (2002): Vom Sein zum Tun. Heidelberg: Carl-Auer

OATES, C. O. (1988): Über Boxen. Zürich: Manesse

RETZER, A. (2002): Passagen. Stuttgart: Klett-Cotta

ROTH, G. (1995): Das Gehirn und seine Wirklichkeit. Frankfurt: Suhrkamp

ROTH, G. (2001): Fühlen, Denken, Handeln. Frankfurt: Suhrkamp

ROTH, G. (2004): Wie das Gehirn die Seele macht. In: G. Schiepek (2004)

ROTH, G. (2007): Persönlichkeit, Entscheidung und Verhalten. Stuttgart: Klett-Cotta

ROTH, G. (2008): Beitrag in ManagerSeminare Heft 02/08, Nr. 119

SCHIEPEK, G. (HRSG.) (2004): Neurobiologie der Psychotherapie. Stuttgart: Schattauer

SCHMIDT, G. (2004): Liebesaffären zwischen Problem und Lösung. Heidelberg: Carl-Auer

SCHULZ VON THUN, F. (2001): Miteinander reden (3). Hamburg: Rowohlt

SCHWARTZ, R. C. (2002): Systemische Therapie mit der inneren Familie. Stuttgart: Pfeiffer

SENECA (1974): Vom glückseligen Leben. Stuttgart: Alfred Kröner

SIMON, F. B. (1984): Der Prozess der Individuation. Über den Zusammenhang von Vernunft und Gefühlen. Göttingen: Verlag für medizinische Psychologie

SIMON, F. B. (1999): Unterschiede, die Unterschiede machen. Frankfurt: Suhrkamp

SIMON, F. B. (2000): Mein Fahrrad, meine Psychose und ich. Heidelberg: Carl-Auer

SIMON, F. B. (2001a): Radikale Marktwirtschaft. Heidelberg: Carl-Auer

SIMON, F. B. (2001b): Die andere Seite der Gesundheit. Heidelberg: Carl-Auer

SPRENGER, R. K. (2000): Aufstand des Individuums. Frankfurt: Campus

SPRENGER, R. K. (2004): Die Entscheidung liegt bei dir! Frankfurt: Campus

STEINBECK, J. (1998): Jenseits von Eden. München: dtv

VÖSSING, H. (2007): Die Kraft der inneren Bilder. Paderborn: Junfermann

WELTER-ENDERLIN, R./HILDENBRAND, B. (HRSG.) (1998): Gefühle und Systeme. Heidelberg: Carl-Auer

Danke

Mein besonderer Dank gilt

- Professor Dr. Fritz B. Simon – er lieferte mir den Impuls zum Buch;
- Jens Schadendorf – erfahrungssicher vermittelte er mir den Kontakt zum passenden Verlag;
- Ulrike M. Vetter vom Gabler Verlag – ihr begeisterndes Lektorat kann ich allen kritischen Freigeistern nur empfehlen;
- den Klientinnen und Klienten – ihre Geschichten bleiben einzigartig wertvoll für das Verständnis unseres Lebens;
- dem Schreiner-Clan und seinen Cowboys der Y.O.-Ranch in West-Texas – deren Westernblockhausstil gewährte entscheidende Inspirationen in der Endphase des Manuskriptes;
- Susanne, Elena und Stella – deren Verständnis und Geduld bildeten den Nährboden fürs Gelingen, während ich schrieb.

Der Autor

Dr. Kai Hoffmann,

Jahrgang 1958, verheiratet, Vater von zwei Töchtern, lebt in Frankfurt am Main und leitet dort seit 1998 seine Praxis für Coaching und Managerberatung leitet. Er promovierte in den Fächern Philosophie und Psychoanalyse, arbeitete lange als Manager in der Geschäftsführung der Oper Frankfurt und ist seit Anfang der 90er Jahre Lehrbeauftragter für Philosophie an der Hochschule für Musik und Darstellende Kunst in Frankfurt.

Kai Hoffmann berät große Firmen und mittelständische Unternehmen vorwiegend in den Bereichen Führung und Kommunikation, Leadership, Konflikttraining, Change Management, Supervision und Persönlichkeitsentwicklung. Zu seinen Kunden zählen u. a. Helvetia Versicherungen, SEB AG, Aareal Bank AG, Dresdner Bank AG, Lufthansa AG, Sal. Oppenheim, Otto-Gruppe, Celanese GmbH, dwp bank.

Mitte der 90er Jahre entwickelte er seine in Deutschland einmalige Methode des systemischen BoxCoachings. Hierüber schrieb er das Buch „Boxen & Managen“ (2005).

Außerdem ist Kai Hoffmann Autor des Buches „Das Nichtidentische und die Struktur“ (1994) sowie zahlreicher Zeitschriftenbeiträge, darunter: „Angst vor der Angst“ (2000), „Mehr Kampfgeist wagen“ (2003), „Faustregeln des Selbstmanagements und der Führung“ (2007) und „Box dich durch – zu dir selbst“ (2007).

www.dr-kai-hoffmann.de
www.boxcoaching.de

Mitarbeiter erfolgreich führen ↗

So motivieren, delegieren und kritisieren Sie mit Erfolg

In kurz lesbaren Abschnitten vermittelt das Buch solide Fertigkeiten im Motivieren, Delegieren und Kritisieren. Es liefert hilfreiches Wissen, um die Leistungsfähigkeit und -bereitschaft der Mitarbeiter mit der richtigen Führungspraxis nachhaltig zu entfalten sowie sich selbst und andere zu motivieren. Der Autor bietet zudem Lösungen für schwierige Führungssituationen und Praxiserprobtes zum Mitarbeitergespräch, das auch Problemfelder wie Kontrolle und Kritik eingängig erschließt.

Matthias Dahms
Motivieren – Delegieren – Kritisieren
Die Erfolgsfaktoren der Führungskraft
2008. 176 S. Br.
EUR 29,90
ISBN 978-3-8349-0758-5

25 Bausteine für eine gesunde Autorität

Wer sich als Führungskraft wünscht, an Souveränität, Durchsetzungskraft und persönlicher Stärke zu gewinnen, für den ist dieses Buch geschrieben. Es zeigt, wie es gelingt, eine positive Autorität aufzubauen, durch natürliches Charisma zu überzeugen und Ziele erfolgreich umzusetzen. Ein radikales Buch, das zum Führen ermutigt. Mit vielen wahren Beispielen.

Winfried Prost
Führen mit Autorität und Charisma
Als Chef souverän handeln
2008. 256 S.
Geb. EUR 32,90
ISBN 978-3-8349-0551-2

Worauf es beim Führen wirklich ankommt

Was zeichnet gute Führung aus? Welche Führungsansätze sind wichtig und praxisnah? Daniel F. Pinnow, Geschäftsführer der renommierten Akademie für Führungskräfte, zeigt in diesem Kompendium, worauf es wirklich ankommt.

Daniel F. Pinnow
Führen
Worauf es wirklich ankommt
4. Aufl. 2009. 321 S.
Geb. EUR 42,00
ISBN 978-3-8349-1753-9

Änderungen vorbehalten. Stand: Juli 2009.
Erhältlich im Buchhandel oder beim Verlag

Gabler Verlag . Abraham-Lincoln-Str. 46 . 65189 Wiesbaden . www.gabler.de

GABLER